學校沒教，但一定要懂的金錢觀

15歳から学ぶお金の教養

先生、お金持ちになるにはどうしたらいいですか？

日本農林中央金庫價值投資CIO
奧野一成 Okuno Kazushige

陳嫺若——譯

野人

Contents

序章 要怎麼變成有錢人？

第1章 錢是什麼？

第2章 關於經濟，我該了解什麼？

第3章 投資是什麼？

第4章 「複利」：強大的財富引擎

第5章 關於公司，我該了解什麼？

第6章 創造價值的時代！

第7章 成爲韌性強大的人

序章

要怎麼變成有錢人？

現在這個時代跟以前很不一樣了

各位同學，大家好。我叫奧野一成，在日本農林中金價值投資公司擔任基金經理人。

什麼是基金經理人呢？就是從世界各地篩選出優秀公司，將它們的股票「打包」在一起建立基金，推薦給企業或一般投資客購買（提供他們投資），當股票升值、產生收益時，再收取固定的手續費。

這也就表示，如果我選擇的公司股價不升值，我們就賺不到錢。所以，我必須隨時擦亮眼睛，注意公司獲得了多少利潤。換句話說，我們是「金錢的專家」。

近年來，聽說日本的高中課程也加入「投資」科目，但是許多老師對投資並不熟悉，所以希望我能為各位高中生簡單說明投資的運作方式。

因此接下來，我想盡可能簡單解釋投資的概念。聽到「投資」，也許你會覺得有點困難。說得好懂一點，投資的架構就是**「金錢」的架構**。

各位可曾想過，金錢是以什麼規則在你的周圍流動？大家想了解關於「金錢」的哪些事呢？最前面的Ａ同學，請說。

「我想知道要怎麼變成有錢人。」

我很佩服你的誠實。任何人都喜歡富裕多於貧困。那麼，要怎麼變成有錢人？我知道變有錢的訣竅，它並沒有那麼難。但是說來話長，所以希望各位耐心地聽我說。

首先，成為有錢人最重要的第一步是：不要對父母或老師說的話言聽計從。別驚訝，我並不是叫你們反抗師長。

大家的家長和老師那個時代的常識，現在已經過時了。在最近二十年左右，世界發生了很大的變化。

我想父母一定會告訴你們「只要從一流大學畢業、進入一流企業就職，人生就會幸福」，所以你們都很努力用功。

但是，真是如此嗎？

大約在三十年前，泡沫經濟尚留一絲餘溫的時代，我進入當時俗稱「鐵飯碗」的銀行上班。但是只經過短短的六年，那家銀行就出其不意地倒閉了。整個社會發生急劇的轉變。

「物質時代」追求的是「素質平均的勞動力」

在一九九〇年以前，日本的景氣十分熱絡，正處於「物質時代」。這是個整體物質不足的時代，泡沫經濟促使人們紛紛追逐高級商品。服裝、家電產品、房屋、汽車、名錶、寶石等等飛快地暢銷，日本人的物欲到達頂點。大家已不再滿足於國內生產的商品，所以世界所有物資都集中到日本供當地人消費。

大量的人渴望物質，所以必須一間一間地建造工廠，不斷生產商品，而興建工廠需要大筆資金，工廠建好之後則需要工人來工作。

那個時期追求的，是素質平均、具有超出一定水準的能力，而且服從上司命令的勞動力。如果每個工人都有自己的想法，都用自己喜歡的方法做事的話，產品品質就會大幅降低。正是因為日本具備均質的勞動力，才能實現「日本製」的高品質。

而這均質的勞動力，是由日本的教育制度所創造出來的。

請大家想想自己升上高中前是怎麼用功學習的。最近雖然出現微小的轉變，不過學校教學還是以死背為主。為了得到高分，學生把該記下的知識全都死背起來，從考題中選出正確答案。在考試中，必定有「標準答案」。

「物質過剩的時代」追求的是「創意」

各位同學是不是不太擅長自己發現難題，並且思考解決方法呢？

這是因為，你們一直在以死背為主流的教育制度下學習。不難想見，在學習過程中不曾鍛鍊自主思考能力的人，長大成人之後就會成為服從上級命令的勞工。正是因為這種勞工人數眾多，日本才能大量生產均質的產品。

戰後，日本一度十分缺乏物質，因此當時日本製造的大量汽車、家電產品大為暢銷。日本國內賣不完的商品就出口到國外，賺取源源不絕的外匯。正是這些產品建立了日本現在的經濟基礎。

日本為了達成高度成長，採取了什麼政策？答案大家都很清楚，就是模仿歐美各國製造的產品並大量生產，再以便宜的價格販售。

但是，此後不再是那樣的時代了。

一九九〇年後，日本物資過剩、泡沫經濟破滅，需求開始縮減。

物資過剩導致商品銷售不易，所以必須刺激需求。因為物質充斥，人們也被迫應付極為抽象而且複雜的社會難題。

這是一個完全沒有答案的世界。想要創造出暢銷產品，就得靠創意一決勝負。驅動世界的不再是投入大量資本與勞動力來製造商品，而是用創意解決社會問題的人。

各位同學們務必認真思考，「創意時代」需要的是什麼樣的人才。

智慧型手機改變世界

一九九二年，網際網路服務供應商在日本開業。一九九六年，日本的家庭網路普及率只有三・三%，但是二〇〇〇年卻上升到三七・一%。僅僅四年，日本的網路普及率增加了十倍。大家經常使用的Google、亞馬遜也都是從這一年開始在日本服務。

接下來的二〇〇八年是時代的轉戾點，因為這一年iPhone在日本開賣，各位熟知的臉書、推特也開始提供日語服務。二〇一〇年，大約是各位同學六到八歲時，日本的網路普及率達到七八・二%。大家可能覺得那是很久以前的事，但在我這個五十歲的大叔看來，那只不過是短短十年前的事。

智慧型手機的時代

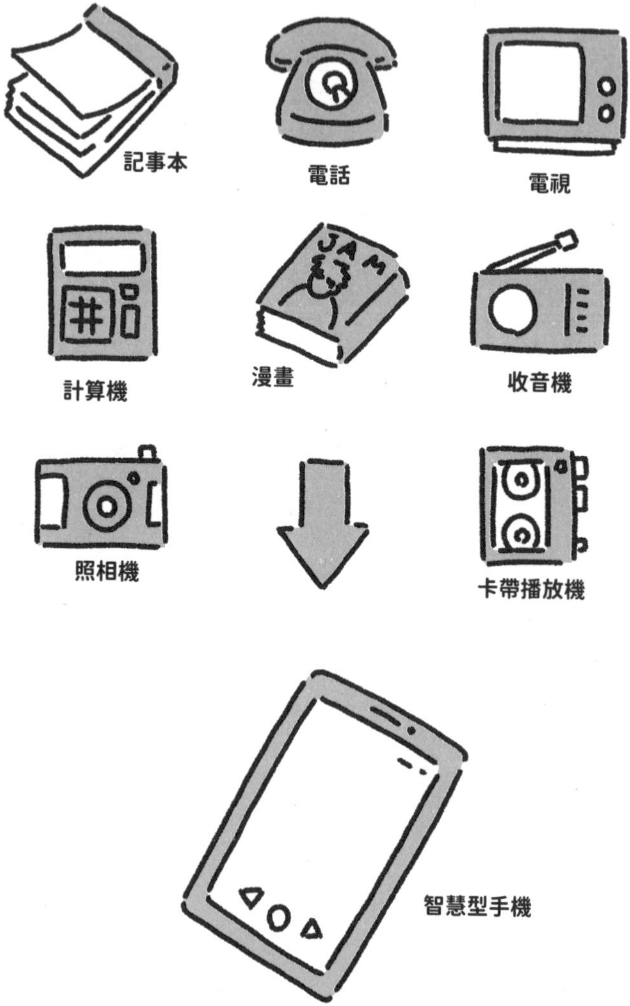
記事本
電話
電視
計算機
漫畫
收音機
照相機
卡帶播放機
智慧型手機

這十年間，網路世界以極驚人的速度進化。不只是資訊傳輸的速度，數位技術的進步更是雷厲風行。任何人只要有一機在手，就像帶著一個魔法箱，生活本身也發生巨大的變化。

在這個時代，只要有智慧型手機，就能經由它進入雲端，取得儲存在其中無限多的資料。而且透過社群網路，可以傳送訊息也可以打電話，還有電子計算機和行事曆的功能，連漫畫都能閱讀。

從前，想看電影就得去電影院，電視和廣播也需要個別的收訊器，漫畫更只能在紙本雜誌上才能看到。但是，因為智慧型手機的出現，現在只需要一台手機就能滿足上述所有的需求。

對出生在數位時代的你們來說，這樣的環境也許稀鬆平常。但是我經歷過公共電話才是通訊主角的時代，真真切切地感受到，在網際網路和智慧型手機出現前與後，世界出現極大的變化。

當然，未來資訊傳播的速度還會越來越快，再過十年，也許連手機的機體都會消失，成為身體的一部分，這就是各位同學們身處的時代。

「銀行＝鐵飯碗」的時代已經結束

在我出社會的一九九〇年代，「工作」中每個人的自由空間非常狹窄。作為交換，公司提供員工「終身雇用」或「按年資及業績加薪」的制度，給予員工一生不愁吃穿的安心感。但是，在時代的洪流中，無法因應環境變遷提供附加價值的組織便遭到淘汰。

我剛畢業時進入的銀行就是最典型的例子，因為它竟然倒閉了。至於倒閉的原因，雖然持有太多泡沫經濟時代的負債也是事實，但我認為是時代所造成。

「半澤直樹」這部連續劇很夯，對吧？主角誇張的演技十分有趣，我也每週都守在電視前收看。不過，劇中描寫的銀行風氣已經有些老舊。銀行相當於許多企業的生命線，這樣的劇情都已是過去的事。現在的銀行光是生存都得卯足力氣，各家銀行的經營都如臨深淵。

銀行的主要業務有三項：收集存款、將這些錢借給企業等對象，以及處理轉帳、匯款等各種業務。

但是在現代，「貸款」已經不是銀行的專利。有一種名為「群眾募資」的架構，就是以投資、融資、捐款的形式，提供資金給對社會有意義的提案。

就連轉帳付款也是，只要區塊鏈技術更上層樓，未來將不必經由銀行就能解決。事實上，某些地區已經可以不用透過銀行，直接將比特幣等加密貨幣作為支付工具。

簡單來說，銀行的工作就是「把錢從右邊移到左邊，從中抽取利率差或手續費」，換個說法就是「金錢的仲介商」。

也許大家已經注意到，街頭的實體銀行正在不斷減少。「半澤直樹」的時代已經結束了。只擔任仲介而無法提供任何附加價值的生意，今後大概也會一一被淘汰。由此看來，日本的大型貿易公司也許也都要坐立難安了。

而大型製造業也將面臨劇變。只要查一查一九七〇年代美國的製造業是如何衰退的，就可一見分曉。

就以汽車為例，在二十世紀前半，美國成功量產「福特T型車」，但是從一九七〇年代開始，美製汽車在市場上遭到日本汽車的窮追猛打而陷入困境，此外，美國家電業者也走上了同樣的命運。

所有單純製造產品的企業，都被日本廠商逐出市場。因此，現在美國殘存的企業已沒有單純的製造商，比如蘋果不只製造電腦、智慧型手機、平板電腦，同時也開發和提供軟體及服務，進而以可穿戴裝置跨足健康領域。

日本製造業雖然趕上並且超越了美國廠商，但是好日子並沒有持續太久。液晶電視市場中，韓國三星電子已經獨占鰲頭，幾年後鋼鐵業恐怕也會從日本消失。從市場中淘汰掉美國製造商的日本，被韓國、台灣以及中國追過的那一天也將會到來。

沒錯，世界正無時無刻改變著，能否察覺這點，將決定各位未來的人生能否變得更好。絕不能只看見眼前，必須具備想像以及預測未來世界的能力才行。

變動的世界裡不變的事物

話雖如此，不過事實是，無論世界如何改變，有些事物永遠也不會變。

「提供附加價值」的人將會成功，就是個不變的真理。

「附加價值」就是「對人有所貢獻」、「對人有幫助」的事物。對別人無益的事，不論再怎麼努力去做也無法創造利益，任何買賣都適用這個道理。沒有利益的生意無法

長久，更無法保障最基本的生活。

無益於他人的生意，當然賺不了錢。雖然開設公司、雇用員工、以低薪壓榨工人，在短期內的確有可能提高利益，但是員工在這種公司工作，幹勁會逐漸降低，所以公司一定會倒閉。

為了創造長期利益，公司必須讓員工產生「在這家公司工作真好」的滿足感，而且，公司提供的產品、服務本來就必須有利於社會。

因為公司生產的是社會上大多數人都想擁有的產品、服務，所以消費者才願意付錢。如果商品真的對自己有幫助，即使將原價一萬元的商品開價十萬元，也會有人願意購買。

從「組織的時代」到「個人的時代」

二〇〇七年，蘋果的「iPhone」在美國上市。因為它的出現，時代發生極大的轉變。二〇〇七年年之後，世界從「組織的時代」進入「個人的時代」。

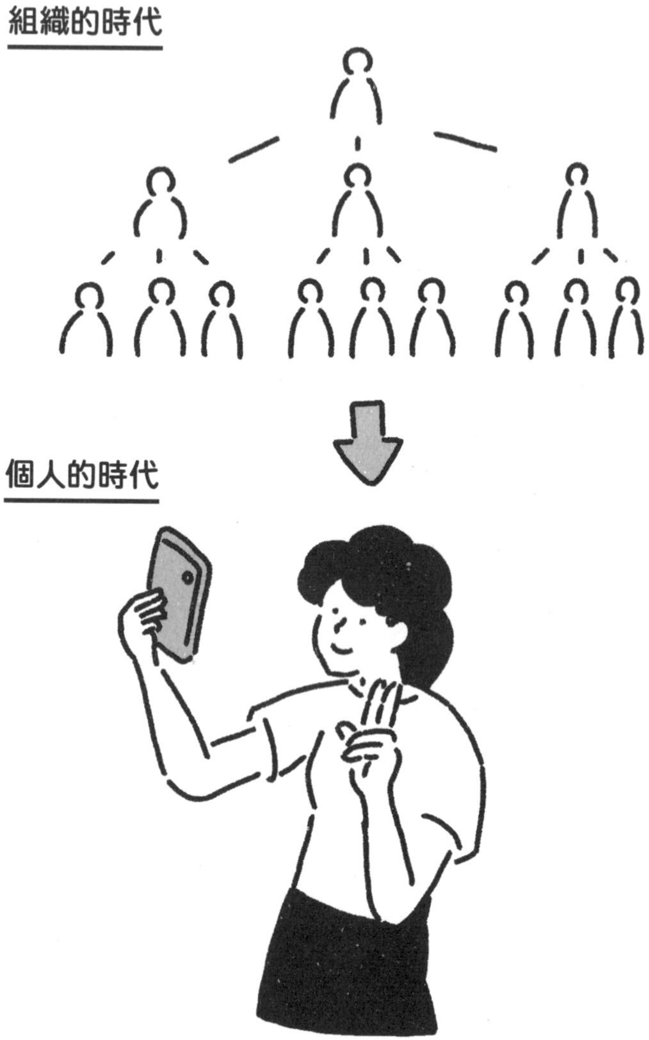
組織的時代
個人的時代

透過社群媒體，許多人漸漸習慣隨手發布訊息，不只對各種媒體報導的新聞發表感想、意見，也積極發布自己所在之處發生的即時訊息。

甚至有人將發布個人資訊這件事與事業連結，例如YouTuber就可以說是其中之最。現在已經是只靠一個點子就能獲取莫大收益的時代了。

各位將在幾年後進入社會，我想告訴大家，存活下去最重要的要素，就是獨特的創造力、主動出擊的主體性，以及能夠整合每個「個人」的領導力。

有些人會覺得很困難，也有人把它視為機會，全憑個人的想法。但是，我認為這將會是個大快人心的時代。

讀完這本書，就能學會變成有錢人的方法

未來是「個人的時代」，是每個人發揮獨特創意主動出擊的時代。在「組織的時

代」，想要以小搏大是不太可能的，但是在未來，什麼都有可能。未來是個不需要蓋工廠或雇用很多員工，只靠一個創意就能成功的時代。

關於A同學的問題：「要怎麼變成有錢人？」本書會從各種角度來回答。

我將會揭開所有有錢人都知道的祕密。

為了回答A同學的問題，大家必須先了解「錢」、「經濟」、「投資」、「複利」以及「價值」等概念。雖然內容會有一點困難，不過現在還不用完全搞懂，請認真地讀到最後。

本書也會詳細解說有關資本主義的架構。因為在資本主義的世界裡，肯定是對資本主義瞭若指掌的人才能得勝。

此外，我也想談談在今後這個「沒有答案的時代」中，你們該如何思考、生活，以及成為有錢人又是怎麼一回事。

那麼，我們就開始吧！

chapter

01

錢是什麼？

錢有什麼功能？

想要成為有錢人，首先必須充分了解金錢。在這一章裡，我們就先來學習「錢是什麼」。就像面對喜歡的人，也會想了解他的一切，對吧？這是同樣的道理。

各位同學為什麼會想變成有錢人呢？

A同學，請回答。

「呃，如果我有很多錢，就可以買很多想要的東西。」

沒錯。**金錢最重要的用途就是「交換」功能**，我們可以用金錢來交換等值的物品。

而我認為，**錢是「感謝」的象徵**。

如果從別人手上收到某樣好東西，我們會說「謝謝」，然後為對方做些什麼作為交換，像是回送他價值差不多的禮物，或是拍拍他的肩感謝他之類的，沒錯吧？

金錢出現之前，在狩獵捕食的遠古時代，人們是靠著以物易物來獲取自己想要的東西。例如捕到野豬的人與捕到鹿的人互相交換自己的獵物，這樣彼此的餐桌上都有豬肉和鹿肉可以吃。人類學會將自己製造的物品與他人交換，獲得存活下去的智慧。

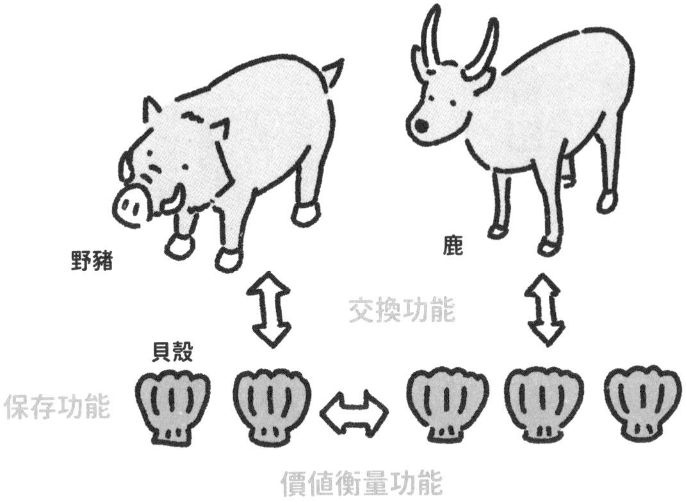

不過以物易物有個大問題，那就是遠古時代沒有冰箱，所以不論野豬肉或是鹿肉都無法長期保存。一次的食用量有限，如果食物在保存時腐敗的話就十分可惜。

由於保存食物實在太不方便了，人們發揮智慧，想出用「錢」當作交換媒介的方法。

根據考古所知，人類最早是使用貝殼來當作錢幣，「買」、「財」、「資」、「貯」等與金錢相關的字都有「貝」字邊，依據的就是當時保留下來的印象。

只要持有貝殼，就能交換想要的物品，這便是金錢所具備的「**交換功能**」。

而且，貝殼不像野豬肉或鹿肉會腐敗，所以如果手上有兩片貝殼的話，隨時都能交換一片野豬肉，這就是金錢的「**保存功能**」。

接下來，如果人們公認一片野豬肉可以用兩片貝殼交換，鹿肉可以用三片貝殼交換的話，野豬肉與鹿肉等不同的物品，便可以經由貝殼這個相同的尺度來衡量，這就是金錢的「**價值衡量功能**」。

前面提到，金錢具有「交換功能」、「保存功能」和「價值衡量功能」。這裡有個重點，要賦予金錢以上三種功能，就必須讓流通在市面的金錢具有公信力。

也就是說，市面上不可以出現偽造的錢，也不能隨意增加市面流通的金錢總量。如果金錢的公信力降低，就需要更多錢才能買得到同樣份量的野豬肉，而大家在過去省吃儉用存下來的錢，可以交換的物品也就變少了。

價值由自己決定，價格由他人決定

換個話題，各位有沒有在過年時買「福袋」而後悔的經驗呢？福袋裡經常裝了尺寸不合的T恤，或是顏色怪異的褲子等各式各樣平時穿不到的衣服，對吧？雖然福袋都是以袋中所有商品定價的五折或七折販售，但是裡面大多數商品最後不是被送給別人，就是被塞給家人。

這種狀況便稱為「因小失大」，英國也有「Penny wise, Pound foolish.」這句諺語，所以這種悔恨應該是全世界皆同。

在前一節中，我解釋了課本裡金錢三功能之一的「價值衡量功能」。在許多人的認知中，價格與價值應該是相等的。但是，只要你還繼續相信「價值＝價格」，就無法成為有錢人，恐怕還會成為金錢的奴隸。為什麼這麼說呢？請聽我道來。

例如，假設你走進鞋店，看見自己想買的運動鞋是兩千五百元，旁邊放了一雙七千五百元的運動鞋。我想，你們肯定會覺得七千五百元的運動鞋比自己原本打算買的鞋更好吧？因為它可能使用優良的材質，或是耐震等功能更出色。

許多人都認為「昂貴的商品固然有其價值」，但是，這個想法是錯誤的。

「價值」與「價格」是截然不同的兩回事。

價值是由自己決定的，而價格則是別人決定的。

「價值與價格」往往容易混淆，如果能妥善地釐清與了解價格、價值分別是什麼，就不會在之後的人生中隨意亂買東西，也能練就看穿事物本質的眼光。

「價值」是什麼？

吃一碗牛肉丼飯得到的滿足感，肯定與大家當時肚子餓的程度有關。飢腸轆轆時吃下的一百元牛肉丼飯，可能比肚子飽脹時吃的一千元烤肉更好吃。此外，即使是同樣的一百元牛肉丼飯，不太喜歡牛肉的B同學吃起來，恐怕只有六十元的滿足感。

「價值」就是你所獲得的滿足感（效用*），它會依照你所處的狀況而有所差別，與別人相比也會完全不同。

戴森（Dyson）電風扇的造型很有趣，對吧？它沒有扇葉卻能造風，這個劃時代的設計令人玩味，但是更有趣的是，它要價一萬元以上。隔壁擺的一般電風扇只要一千元呢……

有些人認為，電風扇只要可以吹出涼爽的風就行了，對這些人來說，戴森電風扇的價格就讓他們難以接受。但是為什麼它依然賣得很好呢？因為這一款「沒有扇葉的電風扇」，具有吹出涼風之外的效用。這個效用是什麼？

我認為，這個額外的效用正是它近未來感的設計。有別於送出涼風的「**功能性效**

戴森的電風扇

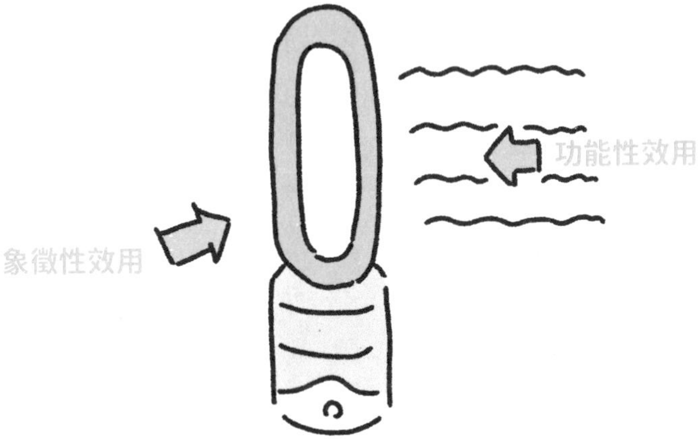

用」，這個效用稱為「**象徵性效用**」。人們會從滿足這兩種效用的物品中發現「價值」。

其實看看我們四周，到處都有這種附加「象徵性效用」的物品，例如iPhone就是其中之一。相較於它上萬元的定價，組合iPhone需要的零件費用、參與作業的勞動成本、宣傳等經費加起來，恐怕最多也只要幾千元而已。

此外，iPhone的外殼是鋁合金，但並不是價格特別高的鋁材。而一般的折疊式

* 效用（Utility）：個體經濟學中，衡量消費者在消費商品或服務時獲得多少相對滿意度的單位。

手機，大多是用強化塑料製成。iPhone使用鋁合金外殼的原因無他，完全是為了表現外觀的設計感。鋁合金有著塑料難以項背的高級感，再加上無多餘按鍵的簡約美感，這就是iPhone之父史蒂夫．賈伯斯追求的美感，也是iPhone粉絲共享的「象徵性效用」。

如果以這樣的角度放眼身邊的事物，我們也能在「功能性效用」之外，找到各種立足於「象徵性效用」的價值。理由何在？

因為**物質的時代已然結束，國人的價值觀更加多樣化**了。

各位同學父母的童年時期是個物質缺乏的時代，所以當時重視的是物品的功能性效用。舉例來說，汽車的功能是奔馳，電視的功能是放映影像，很多人願意為了這些功能性效用付出金錢。

不論是誰，對功能性效用評估出的金額都不會差太多，例如請五個人為眼前的全新輕型汽車估價，很可能會落在六十到七十萬元的價格區間。這五個人對輕型汽車的認知差距並不大——「小車」、「實用」、「代步」、「四人乘坐還能載行李」、「油耗低」，因此他們所認定的價值也差不多。於是，他們認為「以這輛車來說可以接受」的價格，並不會有太大的差距。

但是，**到了物質充斥的時代，人們比起功能性效用，更重視象徵性效用**，價值的一大部分都來自它。象徵性效用訴求人的感性，就像以戴森無扇葉電風扇為代表的「智慧感」，iPhone使用者感受到的「帥氣感」、「直覺式操作」等，象徵性效用在本質上就具有多樣性。同樣的東西，有的人非常「著迷」，也有人完全感受不到它的價值。

這個道理，將會在各位成年後出社會工作時成為重要的指引。功能性效用不論由任何人如何評價都不會相差太遠。相較之下，花心思將象徵性效用提升至極致的人，則很有可能賺大錢。

在物質充斥的現代，**將「價值」分解成「功能性效用」與「象徵性效用」來思考**，並藉此探索自己具體想要得到什麼，就是我們應該養成的習慣。

「價格」是什麼？

同樣地，接下來我們就對「價格」進行分析探討。各位在連鎖餐廳吃飯時，能不看菜單就算出漢堡套餐的價格嗎？在飯店裡吃豪華大餐時，曾注意過自己點的菜是多少錢嗎？

這裡介紹幾個在思考價格時可作為參考的切入方法。

第一個是從「**成本**（費用）」切入。請想像一下到義式餐廳用餐的情景。從顧客開始吃通心麵到結帳為止，餐廳花了多少成本呢？通心麵和調味料的材料費、主廚與服務生的人事成本費、水電費、餐廳的店租等等，除了這些費用外，再加上餐廳所賺取的利潤，就決定了店家要求大家支付的價格。像這樣思考餐廳地點（店租）、使用的材料、工作的人數等費用，是推測餐點價格的手法之一。

第二個有助於分析價格的切入方法，是將「**流程**」分段。

舉例來說，假設各位去理髮店理髮，付了七百五十元。走進理髮店，坐上椅子，理髮師①幫你剪髮，②接著幫你刮鬍子，③然後幫你洗頭、吹乾。最後是④按摩肩膀。你享受了這些服務，所以支付了七百五十元。這時，我們將這筆金額依據每個作業分解：剪髮四百元，刮鬍子兩百元左右等等，算出最後付給理髮店總計七百五十元的金額。

這個過程稱為「**拆分**」（unbundling）。世面上很多的商品、服務都是以「搭售」（bundling）的形式販賣，簡單來說就是組合販售。前面提到的福袋就是搭售的典型範例。其他還有將電腦與軟體組合販賣，並把價格設定得比分別購買更便宜，手機電信費也會與各種（用不太到）的服務搭配。

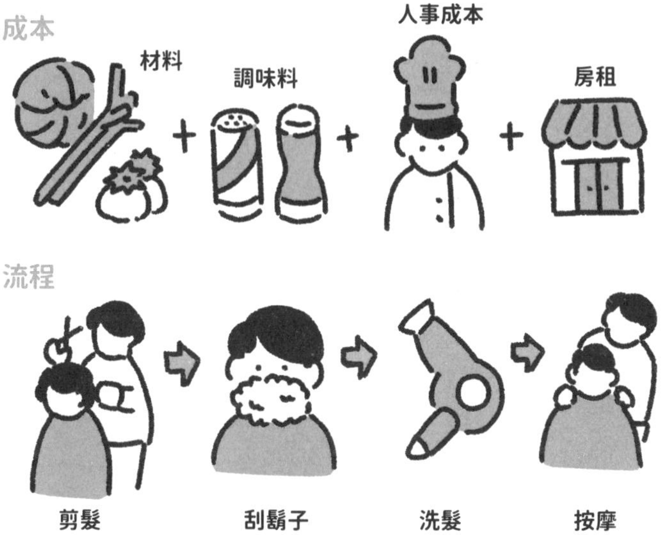

相反地，我想各位一定也去過純剪髮只要三百元的「QB House」，這就是將服務拆分的例子。

在決定價格時還應該考慮另一點，那就是「**競爭**」。在競爭市場中，公平的競爭會形成降價壓力。例如牛肉丼飯連鎖店之間的競爭極為激烈，所以你們就能以極低的價格吃到牛肉丼飯。相反地，商品與服務缺少公平競爭時，消費者就必須忍受高昂的價格。

舉例來說，日本的手機月租費在二〇二一年全面調降，但是在此之前，日本國內電信費與他國相比一直都貴得離譜，卻也不見政府有任何動作。這意味著日本代表性的三家手機業者之間並未產生競爭。照道理來說，比起投入高額廣告費、找來人氣偶像拍攝差不多的廣告，藉此從敵人手中搶奪消費者，電信業者更應該用降價來一決勝負才對。反正不論哪家電信公司，服務也都大同小異……

基本上，在政府出面要求後立刻降價，就是產業內不存在競爭的證據。與牛肉丼飯連鎖店不同，像手機這樣受到管制的產業，很容易發生類似的情形。

到餐廳或超市時，不妨猜測看看物品的價格，累積經驗直到達到一定程度的準確度為止。這種方法比起思考「價值」的本質簡單得多。運用前面介紹的三種切入法來分析，應該可以減少一開頭時提到買福袋而後悔的可能性。

價值應該優先於價格

我想大家已經明瞭「價值」與「價格」的不同，接下來我要說明更重要的事。

那就是要**從「價值」→「價格」的順序來思考**。

如果不按照這個順序，你所感受到的「價值」就會被「價格」所影響。每當出現想要的物品，除非特別注意，否則最早躍入眼簾的總是「價格」，如果價錢比預期便宜，不管那是不是必需品或是真正重要的物品，一般人心裡都會升起「哇，好便宜！」的念頭並朝它靠過去。

這種錯誤不只發生在購物的時候。我們常會有一種錯覺，比如感覺提著幾萬元皮包走在街上的人，比提著幾百元皮包的人更厲害。但是，一個人真正的價值並不是用擁有「昂貴物品」與否來決定的。

犯了這個錯誤，就相當於淪為別人所決定的「價格」的奴隸。要避免這點，就必須在看見「價格」之前先判斷「價值」。在看到價格之前，先仔細想清楚自己可以獲得多少價值（＝功能性效用＋象徵性效用）。而這個價值即使與付錢的當下實際得到的價值不同也沒關係。

其實我在二十幾歲時，投入很多時間和金錢努力學英文。雖然最後並沒有學得多好，但是現在回想起來，年輕時花費的時間和金錢並沒有浪費。

在那個時代，為了學習英文所投入的金錢與時間雖然是相當沉重的負擔，但是它與我的價值觀相符。如果學好英文，以後就有可能派駐國外，為此我也取得了碩士學位。因此，即使我工作的銀行倒閉了，我也不會就此失業。

我會在第三章詳述這點，不過，**從現在就開始為可能要等到數年後才能開花結果的事情投入資金和時間，這個行為就是廣義上的「投資」**。二十多歲時的我在「學習英文」上投入的時間和金錢，正是一種「投資」。

了解「價值」就會得到幸福

如果擁有自己的價值標準，不論面對多有魅力的車或是寶石首飾，都能視若無睹。反之，就算是再艱難的工作或辛苦的課業，只要符合自己的價值觀，便不覺得苦。

我認為，建立自己的價值觀，真的了解價值的意義之後，才能不受他人左右，理解真實的自我，並且得到真正的自信。沒有自信而總是在意他人意見的人，並不是沒有能力，只是對自己的理解不足，不知道「我是這樣的人」而已。

錢是什麼？我們好像偏離這個主題了。我只希望各位必須先確切理解「價值」的意義，不要成為「金錢的奴隸」。

反過來說，如果大家都能看清「價值」的意義，**不斷為人們創造「價值」，最後有**

很高的機率可以成為有錢人。我會說「有很高的機率」，是因為這些價值能否帶來金錢以及成功，還要取決於「運氣」這個要素。

但是，只要能掌握堅定的「價值觀」，**至少可以得到幸福**。因為你們已經可以脫離父母、老師、公司、國家等身外的一切事物，在金錢上或精神上真正的自立了。

本書之後會一再提到的知名投資家華倫·巴菲特，曾經就幸福與成功這麼說過：

「**成功是獲得你認為美好的事物，幸福則是認為你獲得的東西都很美好**。」

「就算他這麼說，但是世界上最重要的還是錢吧？」我想一定也有人這麼想。

但是，即使擁有萬貫財富，也未必能得到幸福。事實上，很多人收入豐厚卻十分不幸，相反地，也有很多人雖然並不富有，但是生活很幸福。

就像「價值」與「價格」是兩回事，**「幸福」與「成功」也是完全不同的東西**。

資本主義就是用金錢衡量「感謝」的總量

本書教授的雖然是金錢的知識，但是我希望藉此告訴各位高中生一個道理。

那就是**「如果想成為有錢人，就不可以一味地追求金錢」**。

基本上，幾乎沒有人可以追逐金錢而成功，大多數人都是失敗而歸。舉例來說，據說買樂透中了大獎、在賭桌上大賺一筆的人，一旦大錢在手，很多人會因為生活和人際關係產生劇變，最後身敗名裂。這說明了單純追逐金錢，金錢只會離你而去。

那麼我們該怎麼做呢？**只要為他人與社會提供「價值」，而不是只為自己提供「價值」就行了**。這其實並不難。例如，在咖啡店打工時，別想著自己做這份接待客人的工作只是為了賺取打工費，不妨想想為了讓客人度過悠閒輕鬆的時光，自己可以做些什麼。

如此一來，打工這個行為並沒有改變，可是我們的心態卻完全不同了。若是專心想

資本主義就是用金錢來衡量「謝謝」的總量

著可以為客人提供什麼價值，就會冒出各種各樣的點子，待客的態度與打掃店內的方式也許也會有根本性的改變。於是，顧客、店長給你的評價也跟著改變，雙方關係開始良性發展。而這種心態，在出社會時絕對有幫助。

事實上，許多在事業上成功的人，最初都懷抱著想幫助世界、想幫助別人、為他人解決困難的動機，思索著為此自己必須做些什麼，然後將想到的主意建構起來形成一門生意，受到大眾的歡迎，最後獲得成功。也就是說，為他人及社會創造、提供價值，最後就能得到金錢與成功。

我認為，這些人大概不是只憑著「我想賺大錢」的想法開創新事業。金錢，只是評價一個人對社會做出多少改善的方式之一。

正如最前面所說，金錢是「感謝」的象徵。一個人可以讓世上多少的人對自己說「謝謝」？可以創造出多少會讓人感謝的物品？**用金錢衡量「謝謝」的總量，就是資本主義的基本原則**。成功的人，是不斷提供許多顧客和社會「謝謝」，最後才自然而然變成有錢人的。是的，「自然而然地」變成有錢人。

如果想成為有錢人，就不能光想著錢。**應該隨時思考，該做些什麼事才能讓世界上更多的人說出「謝謝」**。

chapter 02

關於經濟，我該了解什麼？

什麼是GDP？

在第一章裡，我們談過金錢，第二章中，我們就來學習在人們金錢交易之下誕生的「經濟」。

人類想要活下去就必須吃飯，食材可以來自自己種的蔬菜，或是在河裡釣的魚。而在現代社會中，幾乎所有人都是透過付錢取得食材，因為這種做法比較有效率。也就是說，長大成人之後，你們就必須為了吃飯、活下去而努力工作賺錢。

在「工作」→「賺錢」→「消費」的一連串流程裡，金錢交易也正在進行，錢從一個人手中交到另一個人手上，進而誘發其他消費活動，這個流程的擴展，就叫做經濟活動。

我想很多人都聽過「GDP」這個詞，它是「Gross Domestic Product」的簡稱，也就是「國內生產毛額」的意思。

國內生產毛額（GDP），是指生活在一個國家內的人，在一定期間內生產的商品與服務的附加價值總額。GDP以金額來表示。二〇二一年度（二〇二一年四月到二〇

1500年與2019年世界GDP比較

	1500 年	2021年	比較
GDP（10 億美元）	248	86,652	349 倍
人口（100 萬人）	438	7,836	17倍
人均GDP（美元）	566	11,057	19 倍

出處：Angus Maddison, World Bank

日本的名目GDP

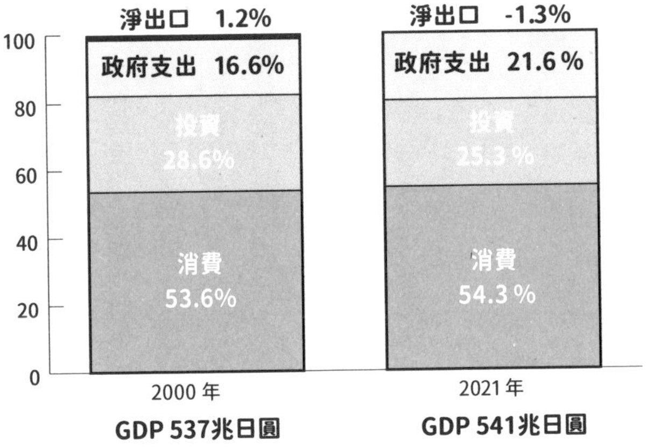

二二年三月），日本的名目GDP*總額為五四一・六兆日圓，實質GDP則是五三六・八兆日圓，與日本二〇二〇年度的實質GDP相比，增加了二・三%。與前年度GDP相比下成長了多少百分比，就稱為「經濟成長率」。也就是說，**二〇二一年度日本經濟成長率為二・三%**。GDP主要是由消費、投資、政府支出、淨出口構成。那麼，有人知道與五百年前相比，現在的世界GDP增加了多少嗎？英國經濟學家安格斯・麥迪森（Angus Maddison）博士推算，西元一五〇〇年的世界GDP為二四八〇億美元，而現在的世界GDP約為八十八兆美元，相當於擴大了三百四十五倍。

這五百年間，世界人口也從將近五億人增加到超過七十六億人，成長將近十五倍以上，人均GDP也增加了超過二十倍。西元一五〇〇年以前，世界經濟從沒發生過這樣的爆發性成長，總人口也不曾如此快速增加。人類的生活到底發生了什麼事？

人類發現兩種人力之外的動力來源

關於過去五百年來經濟成長的原因，首先，我認為應該是因為人類發現了不用活動

人類發現了人力之外的的動力來源

自己的肌肉，就能驅動其他物體的方法。自古代起，人類一直靠著攝取食物來獲得驅動肌肉的能量，遵循出外狩獵、農耕、取得食材的循環生活，活動十分有限。簡單地說，因為能量來源有限，所以經濟無法成長。

於是，人類發明了透過燃燒煤炭將水煮沸後轉換成動力的方法，這就是蒸汽機。煤和石油蘊含了來自陽光、自古以來不斷注入的熱能，燃燒煤與石油就可以從中取出能

＊名目GDP：GDP又分為名目GDP與實值GDP。名目GDP以當年度的物價計算一定期間內一國人民的總產值。相較之下，實值GDP則是以基準年度的物價計算，是去除通膨影響後的GDP。

源，轉換成動力。

利用這種不須由人體產生，可以日夜不停運作的能量作為原動力，經濟便有了擴大的可能性。現在，科學家們也正在不斷研發化石燃料之外的能量來源。

最強大的能源是核能，這種技術的原理是促使原子核分裂，再抽取其中產生的莫大能量，不過核能技術的飛躍進步其實來自武器（核彈）開發的需求，可以說經歷了一段非常諷刺的命運。日本東北大地震揭露了控制這項技術的困難，但是在未來，人類為了尋求新的能源，大概也不會停下精進核能技術的腳步。

另外，還有一個可以讓經濟爆炸性成長的原動力，那是一種不需用到自身肌肉的經濟上的驅動方法，它就是資本主義。自古以來，與他人合作製作物品，或是領主命令百姓工作等驅動他人的手法十分常見。但是，可以說這種方式只能在某種程度的封閉關係中成立。

在過去，如果想要開創事業，既無法向素不相識的人調度巨款，即使手上有閒錢，也不能投資大海對岸從沒見過面的企業家。只有透過企業，資本主義的制度才能化不可能為可能。我們會在第五章解說企業是什麼，而**資本主義，就是集聚資金、投資企業、將資本家與企業家連結起來，有效增加財富的結構**。

萊特兄弟雖然發明了飛機，但當時他們只是在吉特霍克鎮操縱飛機起飛，還無法像現在一樣大量製造飛機，讓人們便利地跨越國境。

可想而知，他們身邊一定有許多投資家和資本家，相信這項發明會改變世界，投資它就能賺大錢。

不只是火車、飛機、汽車等交通工具，網路、手機、電腦等所有文明利器的發展背後，都存在著資本主義的架構，也都有投資家將它們當成事業來發展。所以，資本主義又被譽為「近代最大的發明」。

從重大歷史事件看GDP變化

大家也許認為，經濟架構那些玩意兒等長大賺錢時再學一點就行了。但是，其實它比你所想的更加重要，因為戰爭等政治事件或歷史的動蕩，都與經濟息息相關。

後面的「英法德的GDP變化」圖表列出英、法、德三國在一八五〇年以後的GDP，其中出現了有趣的吻合。

一八七〇年的普法戰爭，是在普魯士（德國）崛起並超越法國時爆發。一九一四年的第一次世界大戰，是在急速工業化的德國超越領導世界的英國時爆發。

「新崛起的國家（新興國）對本國權利有強烈的意識，追求更大的影響力與尊重。面對這種壓力的大國（霸權國）因為對這樣的局勢感到不安，因而起兵攻擊新興國。」

這是哈佛大學教授（政治學）格雷厄姆・艾利森（Graham Tillett Allison）提出的「修昔底德陷阱」假說。古希臘的修昔底德被譽為歷史學之父，他在著作《戰史》中描寫新興國雅典對霸權國斯巴達的挑戰。不過，艾利森教授從此處推導出了法則。

請見後面的「中日美的GDP變化」圖表。

據說，中國的GDP將在二〇二八年以前超越美國。如此看來，可以知道從二〇一九年起中美對立日趨嚴重，其實是其來有自，絕不只是因為川普這個怪胎總統反覆無常。未來，各位被迫必須在兩個大國的夾縫間，決定該在政治、經濟上如何作為。

重點並不是了解GDP這個經濟指標，而是根據它導出自己的假設。我在這一章提出的，只是用歷史的角度分析思考GDP指標，但我想告訴各位的是，其實從GDP可以了解很多事情。

在這一章當中，我用來分析GDP的基底除了數學、歷史，另外也包括生物（光

英法德的GDP變化

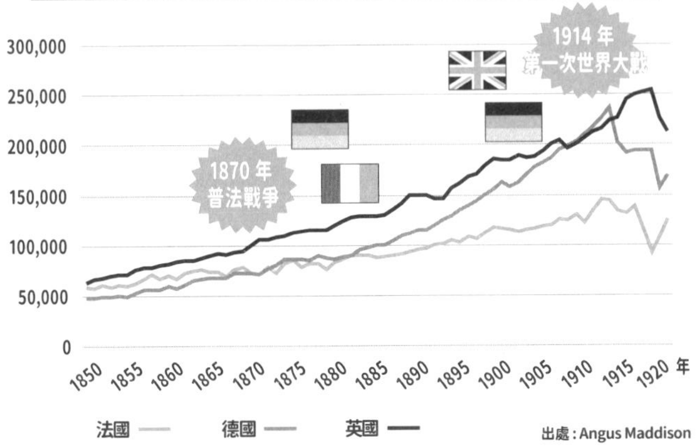
300,000
250,000
200,000
150,000
100,000
50,000
0
1850 1855 1860 1865 1870 1875 1880 1885 1890 1895 1900 1905 1910 1915 1920 年
1870 年
普法戰爭
1914 年
第一次世界大戰
法國
德國
英國
出處：Angus Maddison

修昔底德陷阱

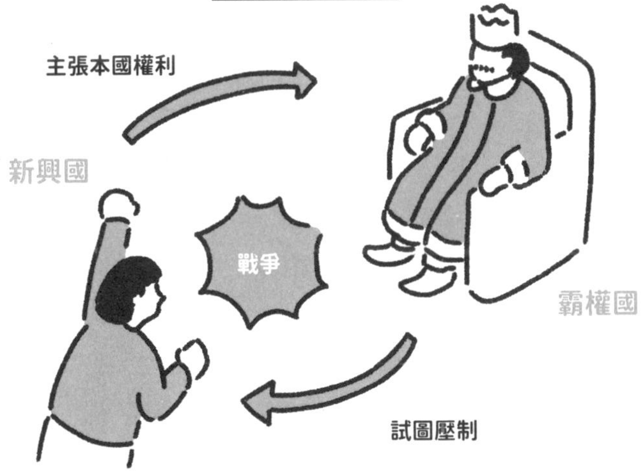
主張本國權利
新興國
戰爭
霸權國
試圖壓制

中日美的GDP變化

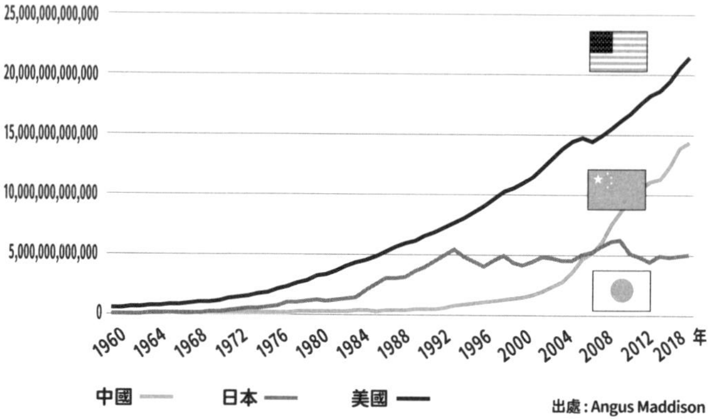

出處：Angus Maddison

合作用）、物理（蒸汽機、核能）等知識的融合。此外，為了取得關於這些知識的最新資訊，還要能夠閱讀英文。而想要成為有錢人、希望生活更加豐富，就必須學會建立這種分析假設，而不是為了考試才去學習。

日本人均GDP位居世界第二十五名

接著，我們來看看日本的經濟在世界上所處的位置。

二〇一九年世界各國名目GDP總額排名中，第一名是美國，第二名是中國，第三名就是日本，我們一般是按這個順序，認為「**日本是世界第三大經濟體**」。

但是，不過在十年之前，日本還穩坐世界第二大經濟大國的位置，僅落後於美國，卻在二〇一〇年與中國交換了位置。日本能再次回到世界第二名嗎？看來相當有難度。因為日本的名目GDP只有中國的三分之一左右，這十年來的差距更是越來越大。

也許大家會覺得，即使如此，「世界第三名也很厲害了呀！」但是如果將GDP總額除以總人口數，看到「人均GDP」的數字後，卻令人大失所望。

日本二〇一九年名目人均GDP為四四三萬七千日圓。讓我們和世界各國比較看看。依據國際貨幣基金組織（IMF）的推估值，各位知道日本排在世界第幾名嗎？C同學，請說。

主要國家的人均GDP變化

1980年		1990年		2000年		2010年		2019年	
瑞士	18,832	瑞士	38,428	盧森堡	48,736	盧森堡	104,965	盧森堡	114,705
盧森堡	17,114	盧森堡	34,645	日本	38,532	瑞士	74,606	瑞士	81,994
美國	12,575	日本	25,359	瑞士	37,868	愛爾蘭	48,715	愛爾蘭	78,661
德國	12,138	美國	23,889	美國	36,335	美國	48,468	美國	65,298
英國	10,032	德國	22,304	英國	28,150	新加坡	47,237	新加坡	65,233
日本	9,465	英國	19,095	愛爾蘭	26,241	日本	44,508	德國	46,445
愛爾蘭	6,380	愛爾蘭	14,048	新加坡	23,852	德國	41,532	英國	42,330
新加坡	4,928	新加坡	11,862	德國	23,636	英國	39,436	日本	40,247
韓國	1,715	韓國	6,610	韓國	12,257	韓國	23,087	韓國	31,846
中國	195	中國	318	中國	959	中國	4,550	中國	10,262

美元

「呃，第十名左右？」

很可惜，答錯了。

第一名是盧森堡的十一萬四七〇五美元，第二名是瑞士的八萬一九九四美元，第三名是愛爾蘭的七萬八六六一美元。日本是第二十五名，人均GDP是四萬〇二四七美元。日本排在第二十五名，有點令人失望，對吧？

那麼，接著來看看日本人均GDP的變化。

二〇〇〇年：三八五三二美元（第二名）

二〇一〇年：四四五〇八美元（第十七名）

二〇一九年：四〇二四七美元（第二十五名）

日本人均GDP的金額雖然逐年增加，但是與他國相較之下，排名卻是連年後退，因為其他國家的成長幅度更大。在資本主義的世界中，經濟年年成長乃是基本，**維持現狀就等於退步**。

現在的日本經濟，正處於十分嚴峻的狀況。

被日本追過，又靠IT復甦的美國

為什麼會這樣呢？

如同序章中說過的，日本靠著汽車產業與家電產業暫時超越美國，但是在時代的潮流中，被中國與韓國奪走了產業的寶座。日本人的薪資升高，所以在價格競爭上輸給人事成本低廉的中國與韓國產品。

照道理說，企業應該生產高附加價值的商品和服務，藉此創造業績成長，讓利潤滾滾來，穩定地支付員工薪資。如此一來，企業和個人都會從獲利中繳納稅金，於是經濟的大餅也跟著擴大，這才是正常的經濟成長狀態。

過去，日本也曾經有幾項劃時代的發明，在全世界發揚光大。

在現代，世界各地的人都把在戶外聽音樂視為理所當然，這全拜索尼推出的「隨身聽」所賜。最早創造攜帶型電動玩具的公司是任天堂；發明泡麵，將它發展成全球性商品的則是日清食品。但是，這三十年來，日本有創造出什麼讓全世界驚喜的發明嗎？

相較之下，曾被日本超越的美國，則因為開創ＩＴ（Information Technology）新產業而東山再起。現在，引領全球ＩＴ產業的公司，就是簡稱為「ＧＡＦＡ」的美國四大ＩＴ企業：Google、蘋果（Apple）、臉書（Facebook）、亞馬遜（Amazon）。

但是，三十年前臉書尚未出現，Google、蘋果、亞馬遜更是不值一提的小公司。日本在ＩＴ領域落後了一大步，也找不到ＩＴ之外可以領先世界的新產業。能不能開創新產業，將是日本今後的一大難題。

貪便宜，日本人衝「GoTo」

值得一提的是，日本在經濟高度成長的一九六〇年代，每年的經濟成長率為一〇%左右。現在中國的經濟成長率停留在六%，但在二〇一〇年也有超過一〇%的成長率。經濟成長率越高，景氣就越是暢旺。反之，像現在日本的狀況，經濟成長率在〇・五%左右止步，人民很難感受到好景氣。如果人均ＧＤＰ持續低迷的話，日本恐怕將會落入二流國家之林。

那麼，該怎麼辦才好呢？

個人消費不見成長，企業對投資設備態度消極，這之中唯一可以依靠的就是政府支出，因此**出現了一些荒謬的言論，認為只要興建更多公共事業（造橋鋪路），增加政府支出就能解決問題**。

的確，如果增加政府支出，GDP的總額也會增加，但是政府不能隨便印製鈔票，所以需要舉債來建設公共事業。擴大公共事業雖然可以暫時提高GDP，但是國家欠的債會由誰來償還呢？D同學，你知道嗎？

「難道是我們嗎？」

對。是由你們這一代來償還。

日本過去曾用貸款支應多筆政府支出，到二〇二〇年結束時，國家舉債估計達到約九六四兆日圓。而且，如果再加上地方政府、社會保障基金所欠的債，總額超過一四〇〇兆日圓，相當於每個國民需負擔一千萬日圓的債務。

大家也許一時還不了解它的嚴重性。但是，我認為不久前發生的GoTo*風波就是一大徵兆。為了挽救因新冠疫情擴大而停業的旅遊業與餐飲業，政府在二〇二〇年七月起推出GoTo旅遊補助方案，同年十月更推出GoTo美食活動。日本人將這些補助政策看作划算的促銷方案，因此許多人紛紛參與。

但是，它真的划算嗎？其實完全不是那麼一回事。不管是GoTo還是各種補助金，都可說是從自己兒孫的口袋中掏錢出來花用而已。

像這樣**增加國家和地方的債務，暫時推高GDP，製造虛假的經濟成長**，如果長此以往，國家政府有一天肯定會走到末路。

一千元的價值不只是一千元

現在各位已經了解到，世界經濟成長蒸蒸日上，但日本卻停止成長，所以相對之下日本的經濟地位也就節節落後了。但是，看到這個事實，很多人可能覺得「有什麼關係，只要生活維持現在的水準就好了。」我認為這些人太過樂觀，一味相信金錢的價值，尤其深信日圓的相對價值不會改變。

現在，各位同學的錢包裡有一千元鈔票嗎？這張鈔票可以兌換一千元的等值物品，

＊ 譯注：GoTo是日本政府因新冠疫情而推出大規模的旅遊美食補助方案。

讓日圓價值降低的兩大惡魔

所以被視為有一千元的價值。各位是不是以為，定價一千元的物品永遠都能用一千元買到？

然而，在現實的經濟世界中，一千元的商品並非永遠都能用一千元鈔票買到。

金錢的價值成立在相對的信用上。有兩件事會奪走錢的價值（尤其是你們手中的紙鈔），一個是通貨膨脹，另一個則是貨幣貶值。第一章說過，貨幣的信用非常重要。如果貨幣的信用下降，一千元可以買到的東西就會減少。

通貨膨脹與通貨緊縮

通貨膨脹（簡稱通膨）是指物價持續上升，相對地就導致貨幣價值下跌。舉一個極端的例子來說明，就是一百元在今天可以買到兩顆蘋果，但是到了第二天卻只能買到一顆蘋果。景氣好轉的時候較容易發生通貨膨脹的狀況。通貨膨脹時，會產生企業業績增加、員工薪水增加、刺激購物欲望的循環。

相反地，通貨緊縮（簡稱通縮）是指物價持續下跌，相對地造成貨幣的價值上升。各位可能多少聽說過，日本在過去經歷過長時間的「通貨緊縮」。

原因有很多。例如一九九〇年代以後泡沫經濟破滅造成景氣惡化；經濟全球化不斷推進；市場上越來越多從中國等低人事成本地區進口的產品，廉價的商品增加，以及根本上物質已經過剩。薪水沒有增加，所以想存錢的意識抑制了消費，或是對老年生活的不安導致不敢花錢……通縮的原因不勝枚舉。**日本自從經濟泡沫破滅至今經過了三十年，物價幾乎完全沒有上漲，有時還出現下跌的狀況，經歷了長年的通貨緊縮**。

一旦物價下跌，貨幣的價值就相對上升，因為同樣花費一千元，可以買到的商品數量卻增加了。而泡沫經濟破滅之後的三十年間，日本人緊抓著現金不敢用，相對地金錢的價值便上升了。

「老師，物品的價格下跌不是好事嗎？」

大部分的人確實會這麼想，這是很正常的反應。但是，物品價格下跌，代表企業的營業額減少，於是各位的父母薪水也會跟著減少。如果薪水減少的幅度大於物價下跌的幅度，人民反而變得更窮了。

所以，政府藉由擴大公共投資（財政政策）、增加市面上的現金流量（金融政策），採取「提高民眾對通貨膨脹的期待以脫離通縮」的政策，但是目前的狀況還不能算是成功。

如果持續採行這種政策，造成國家負債越來越多的話，也有可能出現停滯性通貨膨脹。停滯性通貨膨脹就是在薪資減少的同時物價卻上升，人們買得起的東西變少的現象。在景氣蕭條的狀態下還發生通貨膨脹，國家將會陷入最糟糕的狀態。

為了防止這種危機，必須穩健地擴大經濟規模，讓企業自發地增加商業活動，將經濟的餅作大，而不是仰賴財政政策和金融政策。如果只是說些「維持現狀」等不痛不癢的話，總有一天，通貨膨脹將會導致我們連現狀都維持不了。

什麼是匯率？

「日圓貶值、日圓升值」是我們偶爾會聽到的字眼。例如，昨天買進一美元要花一百日圓，今天卻要花一百二十日圓，這就是「日圓貶值」。

日圓貶值，代表日圓的價值相對下跌了。假設一瓶可樂在美國賣一美元，昨天用一百日圓可以買一瓶，但今天若沒有一百二十日圓就買不到。這就是日圓對美元的價值下跌（貶值）了。

日本人的薪資或儲蓄大多都是日圓，所以日圓一旦貶值，相同金額可向國外購買的物品會變少，反之，當日圓升值，日圓能買到的物品就會變多。

實際上，在一九七〇年代前半，匯率行情是一美元＝二五〇日圓以上，到了一九八〇年代，日圓卻升值為一美元＝一二〇日圓，所以當時日本人紛紛衝向巴黎、紐約搶購名牌商品。

前幾年，在遵循安倍經濟學*而發布的日圓貶值政策下，亞洲各地的外國人也湧進日本「爆買」商品。雖然現在由於新冠疫情，外國人想來也不能來了。

日圓兌美元匯率變動圖

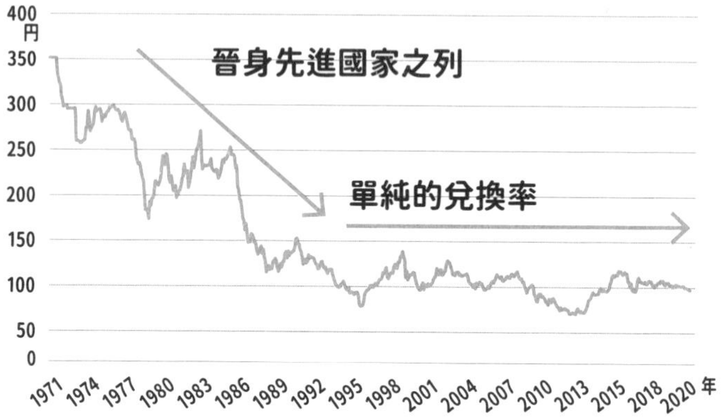

那麼，貨幣之間的交換比率（匯率）又是如何決定的呢？請回想一下第一章的內容。信用等同是貨幣的生命，因為在匯兌市場中可以自由買賣貨幣，所以中短期來看，貨幣的需求與供給會大幅變動，但長期來說，匯率是靠著不同貨幣之間的相對信用，也就是說貨幣發行國的信用評等來決定的。

舉例來說，像是日圓兌美元匯率這種信用評等高的國家之間的換匯比率，不會出現日圓持續升值或貶值到超出一定水準的情況。因為，匯率是依據兩國之間貨幣的購買力決定的。例如在美國賣一美元的漢堡，如果在日本可以用一百日圓買到，那麼一美元的購買力就相當於一百日圓，因此可以把匯率定為一美元＝一百日圓（購買力平價**）。

前面介紹一九七〇年代到一九八〇年代間日幣曾急速升值，其實只是因為當時的日本還是開發中國家，先是經歷高度成長期，接著躋身先進國家之林，信用因而上升的關係。

偶爾有人預言將來會變成「一美元兌五十日圓」，但是按照我的看法，不可能發生這種事。如果日圓真的升值到那種地步（一百日圓↓五十日圓），我們去美國時，只要花一百日圓就能吃兩個漢堡，若是如此，我一定會馬上飛到美國大買特買（笑）。

假設日圓真的升值到那麼高價，也就意味著美國的信用下滑，成為落後國家之一。但是，這種機率似乎比日本再次掉入落後國家之列的機率更低。

---

* 安倍經濟學（Abenomics）：日本已故前首相安倍晉三為刺激日本景氣，於二〇一二年第二次安倍內閣上任時提出的一系列經濟政策，主要的三項政策是大規模量化寬鬆、擴大政府財政支出以及結構改革，又稱為「三箭政策」。

** 購買力平價（Purchasing power parity，縮寫為ＰＰＰ）：指不同的貨幣在各國購買等量相同商品或服務時的價格比率。

貶值跟升值，哪個好？

那麼，到底是貶值好，還是升值好呢？

報紙上經常看到「貨幣升值＝景氣惡化」，這是真的嗎？以日本為例，在一九七〇年到八〇年代前半，日本在擁有許多廉價勞力的背景下，採取「大量生產與輸出家電等工業產品」的商業模式。日圓一旦升值，從外國人的角度看來，日本產品的價格就變貴了，也因此削弱出口品的價格競爭力，可以說對日本十分不利，當時還出現「日元升值蕭條」這個詞彙。

經歷過八〇、九〇年代升值蕭條的日本企業，紛紛將工廠從國內移到海外，現在已擺脫大量出口的模式。**現在的日本，出口與進口的規模幾乎相同，不論日圓升值或貶值，對國家整體都不會造成太大的影響**。不過，如果就個人來說，又是如何呢？

如果日圓不斷貶值的話，一千日圓鈔票可以買到的物品就變得越來越少，尤其日本有許多商品仰賴進口，如果日圓貶值，進口物價將會高漲，形成「進口通膨」。

我們若只是傻傻地看著「擴大的世界經濟，停滯的日本景氣」發生，將會漸漸變得相對貧困，令人擔心最後日圓可能會因為日本的信用評等下降，一步步走向貶值。

有人說，如果日圓貶值，國外觀光客就會湧進日本「大撒錢」，不是很好嗎？但是，我覺得美好的日本觀光資源，只賣給單純想「撿便宜」的外國人就太浪費了。那種虛有其表的經濟成長，再怎麼樣都無法長期維持。各位應學習正確的經濟知識，才能做出正確的判斷。

金錢失去信用時最可怕

如果日本經濟一步步走下坡，信用被貼上問號時，會發生更可怕的事。

經濟衰退的下一步，將會是**惡性通貨膨脹**。通貨膨脹是指物品的價格上漲。而物價在短期間急速上升的現象，則稱為「惡性通貨膨脹」，嚴重程度並非一般的通膨可以相比，有可能造成需要一疊鈔票才買得起一個麵包的狀況。

為什麼日本原本通貨緊縮的情況會急轉直下，進入惡性通貨膨脹的狀態呢？過程是這樣的：

惡性通貨膨脹

①國債（國家借貸）增加太多
②國外投資家不再信任日本，大量賣出手中的日圓和日本金融資產
③日圓價值暴跌，進口商品價格高漲
④國內受此影響，萬物齊漲

日本在戰後也遭受過惡性通膨的襲擊，原因是政府發行國債來支應高達國家預算二八〇倍的龐大軍事費用。物價在戰爭結束後立刻飛漲，與剛開戰時的一九四一年相比，一九五五年通膨穩定下來時，物價水準高達一九五倍。

惡性通膨絕不是歷史上的陳年往事。直到現在，有些新興國家依然受到惡性通膨的打擊。

例如中南美洲的委內瑞拉，二〇一八年時惡性通膨達到十三萬%，二〇一九年則是九五八五%。委內瑞拉的貨幣「玻利瓦爾」化為廢紙，

政府債務占GDP比重

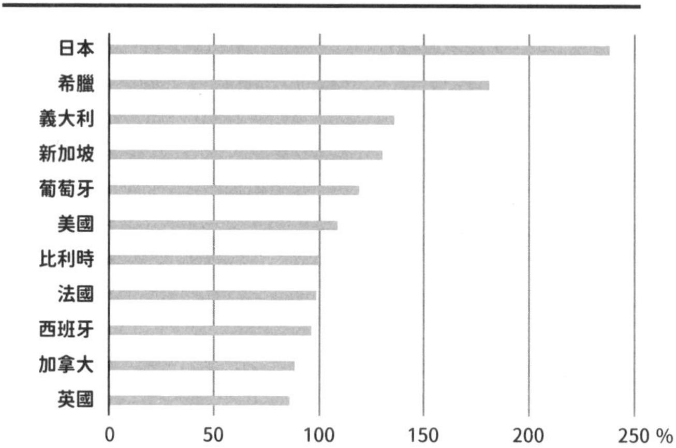

治安也極度惡化。

就像前面所說，現在的日本，國家與地方政府、社會保障基金的負債加起來，政府債務總額超過一千四百兆日圓。如果日本的平均名目GDP為五百兆日圓的話，政府債務占名目GDP比率已達二八〇%。

此外，**太平洋戰爭末期，導致惡性通貨膨脹的政府債務餘額，占GNP*比重達**

* GNP：國民生產毛額（Gross National Product）的縮寫。相對於GDP（國內生產毛額）是「屬地主義」（統計對象是生活在該國內的人，包含外國人），GNP則是「屬人主義」（統計對象是該國國民，不論是否住在海外）。

到二〇四%，而現在日本中央與地方卻負擔遠超過這個規模的債務。

即使國家以低利繼續發行國債、不斷借錢，為什麼還是能被列入先進國家呢？這是來自於**負稅能力**。負稅能力是指不論貸款增加再多，未來的國民都能透過稅金還債的能力。這一點保證了日本的高度信用。

只不過，我們依然應該把債務視為一種危機。因為，現在日本正面臨極大的風險。我所指的是自然災害，尤其是**地震的風險相當高**。如果日本一直保持在高債務狀態，假設發生南海海溝大地震之類的大型地震，對大都會區造成毀滅性的損害時，復興工作可能需要大約一百兆日圓的資金。

到了那時，要從哪裡拿出錢呢？就算發行新的國債，世界各國又能接受嗎？

我無意像放羊的孩子一樣嚇唬大家：「通膨要來了！日圓貶值要來了！地震要來了！」但是，未雨綢繆是非常重要的，做好準備，真的發生狀況時就不必恐慌了。

「維持現狀」等於退步

我在這一章中解說了日本相對停滯的經濟現狀，因為我希望各位都能具備健全的危機意識。

大家完全不需要感到恐慌，不過還是應該了解，現在日本經濟的確面臨嚴峻的景況。有些人認為經濟狀況只要能「維持現狀就好了」，但是，只有在船隻順風前進時，才能容許這種天真的態度。

如果是美國或中國人，抱著維持現狀的態度，也許三十年後還能過著豐衣足食的生活，因為這些國家還正在持續成長。但遺憾的是，日本經濟在三十年前就已經失去成長動力了。日本國民持有的財產，未來很有可能在國家逐漸失去信用的過程中不斷縮水。「維持現狀」就等於退步。

那麼，我們該怎麼辦呢？

答案很簡單。只要持續**乘著世界經濟成長的順風船就行了**。世界經濟今後也不會停止成長，沒有搭上這股巨大潮流，絕對是一種損失。不過，我並不是要你們離開家鄉，搬到美國去住。

下一章開始，只要運用我傳授的、以想像力與構思力所驅使的「投資」技術，就能輕鬆跨越國境。我所說的「投資」，並不是單指金融資產的投資，接下來的內容才是本書的主題，下一章我們會再詳述，一起學習投資的知識吧！

chapter

03

投資是什麼？

萬事萬物都是投資

在停滯不前的日本，若想在未來賺大錢，其中一個方法就是投資。各位同學，也許你們認為投資這檔事還很遙遠，跟自己毫無關係。

但是，這麼想就錯了。各位平時天天都在接觸投資。甚至可以說，**各位每天接觸的所有事物都是投資**，也完全不誇張。

例如，假設你參加桌球社，因此放學後拒絕和同學去唱卡啦ＯＫ並且去練習桌球，這個行為就是投資。你拒絕了朋友的邀約，把時間用在練習桌球，以在三個月後的比賽上得到前三名為目標。姑且不提三個月後能不能真的贏得前三名，但是為了從過程中獲得某個寶貴的事物而認真練習，這就是十足的投資行為。

再舉另一個例子。假設你在麥當勞打工，時薪大約兩百元左右，你選擇打工兩個小時，再用賺得的四百元與朋友到餐廳吃飯兩個小時。相對地，如果把這四個小時用於努力準備英檢，而且最後拿到優秀的成績，今後，你的打工時薪會因為可以選擇使用英語的工作而三級跳，而且這個成果是半永久的。

的確，也許你必須犧牲現在的打工收入還有跟朋友玩樂的兩個小時。與朋友一起享受時光當然也很重要，所以我並不是要你別去聚餐，只是希望你在考慮過英檢的選項後，才選擇「在麥當勞打工＋去餐廳大快朵頤」。

簡而言之，一切都是「選擇」。

廣義來說，投資是「**投入現有的資產（時間、才能、金錢），以圖未來獲得更多的資產（時間、才能、金錢）**」。換句話說，也就是現在忍耐一時，換取在未來得到更大的成果。

現在擁有的資產（時間、才能、金錢），應該要投資在什麼事物呢？

投資在自己身上叫做「**自我投資**」；投資在自己之外的事物，最具代表性的方法，就是我所提倡的「**長期股票投資**」。

這裡出現了一個大家較不熟悉的名詞「資產」，所以我先解釋一下。一般來說，資產大多指的是金融資產（銀行存款、保險等）、不動產（土地等）、動產（汽車等）。當然，這些確實也是資產無誤，不過各位年輕的朋友還擁有更重要的資產。

時間、才能、金錢資產

時間

世上所有人得到的時間都是平等的，而時間也是一切資產的泉源，不但是其他資產的泉源，同時也是所有資產的目標。人類的幸福，全都取決於如何使用「時間」。雖然金錢與才能可以買到（節省）一定程度的時間，但時間本就有限，可以算是最寶貴的一項資產。

才能

有些才能是與生俱來的，一般來說，投入時間（與金錢）就能累積與增進才能。基本上，一旦得到才能，就能在往後的人生中反覆運用。甚至，如果不惜成本地升級才能，能力就會逐漸成長，是一種強大的資產。

三大資產

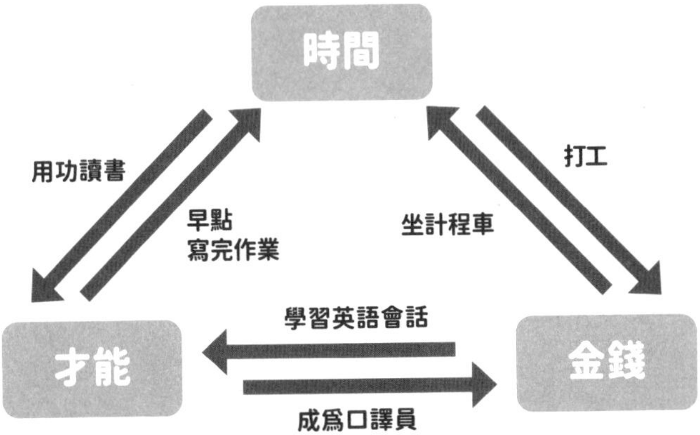

金錢

這種資產就如第一章所述，具有交換與保存的功能。在這些功能的幫助下，我們可以有效率地利用擁有其他才能的人幫自己工作。後面會談的股票投資，也是運用金錢來驅使他人才能的方法之一。此外，運用第四章介紹的「複利」機制，還可以讓金錢自動增加。

這三種資產在某種程度上都可以互相交換。自我投資的目的，就是**運用這三種資產，提升「自己」這個工具，以便將來能獲得更多的資產**。

各位無意間採取的行為，其實都決定

了所有資產的分配，也就是說，所有行動都是投資。如何分配資產（＝投資），會大大改變未來你們能獲得的成果。換個說法，如何有意識地、主動地控制這些行為，甚至會左右你的未來。

那麼，我們應該如何分配這些資產呢？我想介紹一種思考方式：「能力圈」。

「自己」與「未來」是可以改變的

華倫．巴菲特在選擇投資的股票時，會集中在自己了解的產業，不投資自己不懂的產業。在各位出生前的一九九九年到二〇〇〇年之間，世界各地發生了網路泡沫現象。而在網路剛開始普及時，即使並非全部的網路相關企業都有獲利，但是因為投資客大舉買入，它們的股價都飆得很高。

當時，巴菲特無法理解網路企業的商業模式，所以完全沒有投資這類企業。在這些企業股價扶搖直升的過程中，落後的巴菲特被人責難了好幾年，許多人說「巴菲特也快沒戲唱了」。

但是，二〇〇〇年十二月，這些企業漸漸拿不出像樣的利潤，網路企業的股價開始暴跌。結果證明投資之神巴菲特的眼光完全正確。巴菲特把投資集中**在自己的能力範圍內（能力圈，Circle of Competence）**，因此沒有被網路泡沫套牢。

巴菲特的「能力圈」思考方式，對於人生也很有幫助。我們生活中有很多再怎麼努力也無能為力的事，例如，大家都知道在大太陽的日子跳祈雨舞，科學上來看是沒有幫助的。或者，就算電梯遲遲不來，一直敲打按鍵也不會讓電梯變比較快。相反地，如果是為三個月後的桌球比賽作準備，可以做的事就有很多。

自己再努力也辦不到的事，與自己能夠影響的事物之間，可以明確地畫出一條線，而「主體性」就是兩者的分界。這條分界線，我稱為「能力範圍」。意識到這條界線，對愉快的生活非常重要。總是對自己無能為力的事鑽牛角尖也不能改變任何事，只是浪費時間而已。

所有事都可以用「將來」、「過去」為橫軸，「自己」、「他人」為縱軸歸類至四個不同象限。

能力圈（Circle of Competence）

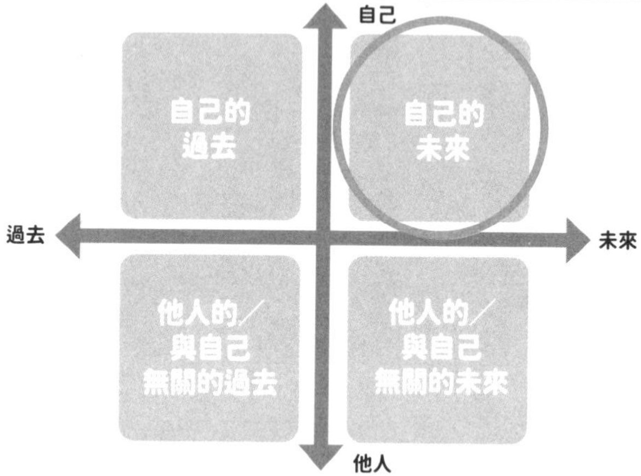

他人的／與自己無關的過去（左下）

例如藝人的婚外情緋聞就屬於此類。它與自己一點關係都沒有，建議大家不要把時間用在這種事上，哪怕只有幾秒鐘也是浪費。

自己的過去（左上）

被男（女）朋友甩了、考試不及格等都屬於此類。過去發生的事已無法改變，如何將它運用在未來，端看你自己。為已經發生的事耿耿於懷，也只是事後諸葛。快點走出來吧。

他人的／與自己無關的未來（右下）

我們也許可以影響其他人，但是不可能控制他人的想法。不論再親近的朋友都是外人，他的人生不屬於你。即使是家人，追根究柢還是自己之外的人。現實中，面對這個象限是最困難的。

自己的未來（右上）

這個部分才是應該集中投入自己的才能、時間、金錢等資產的地方。集中在投資未來，人生會有很大的轉變。尤其各位的才能在未來還會繼續成長，現在就算整天運動或通宵苦讀，只要稍微休息就能快速恢復。只有年輕時期能不斷吸收新知識。

打磨名為「自己」的工具，努力耕耘人生的土壤，並且收穫豐富的作物，才是投資自己的真正意義。世間大半的問題，都源自於人們過度關心自己無法掌握的事物。「能力圈」的概念，在思考人生優先順序時十分有幫助。**自己能控制的只有自己的**

未來，如果無法意識到這一點，而總是被自己無能為力的事物牽絆或被過去束縛，只會聽從他人（父母、師長、討厭的人）的話，人生有相當大的機率會失敗。

即使聽從他人的話而成功，那也不是你自己的人生。為什麼要過他人的人生呢？做自己人生的主人吧！

貫徹自我投資，絕不放棄！

前幾天，我在某間高中講到這個主題時，一位高中生的提問讓我啞口無言。他說：「那麼，我們究竟應該把自己的資產投注在哪裡？」。

這正是我希望各位自己思考的問題啊……當自己的主人就是這個意思。

但是，我回想自己讀高中時，也不知道自己想做什麼，所以不能責怪你們。既然如此，我又應該給你們什麼建議呢？

我想，是「**做自己喜歡的事**」。

這並不是叫你們對不喜歡的事敷衍了事，放棄不管。其實到頭來，人只會持續做自己喜歡的事，不管是棒球、桌球、吉他，還是讀書，什麼都行。

但是，我要告訴你們：不論做什麼，「**一定要貫徹到底**」。聽說最近的運動類社團，很多是以「想和同學玩」、「動動身體很舒服」的態度進行社團活動。我並沒有否定這種活動的意思，不過我認為認真投入也十分重要。而且，即使辛苦也要咬牙做到底的決心更是重中之重。

不管做什麼事都可以，即使成果不好，只要認真去做，一定會有其他回報。

成功的投資，就是在未來所獲得的比現在投入的更多。而在投資中，必須對未來將會獲得的「某種東西」有所執著才能夠成功。也許可以稱之為「成果」，例如投資在課業上，成果就是考試成績；投資在校隊，成果就是比賽的勝負。對成果沒有堅持的話，就無法得到有意義的回報。

也有可能再怎麼努力，最後還是沒能獲得期望的成果，因為勝敗有時與運氣好壞有關。但是，「貫徹到底」的人與「半途而廢」的人，除了成果之外，所獲得的回饋也有天壤之別。**不論結果如何，堅持得到成果、貫徹到底的人，將會得到只有他們才能看到的回報。**

我的公司在聘用員工時，除了求職者本身的能力與性格外，也很重視他在前公司的年資。不管能力多麼優異，沒有在上一份工作待滿一年就離職的人，我們是不會錄取的。因為我認為遇到任何狀況都能堅持到底、有始有終十分重要，就如某句諺語所說：「再冷的石頭，坐上三年也會暖」。

投資股票的建議

除了「自我投資」，也就是磨鍊自己來增加未來收入之外，還有不必自己動手也能賺錢的方法。畢竟「時間」是我們最重要的資產，不論再怎麼管理時間，一天也只有二十四個小時。不用自己動手也能賺錢的辦法，就是增加「時間」資產。我想到三個在睡著時也可以賺錢的辦法：

- 將錢存在銀行
- 投資不動產
- 投資股市

以前，只要把錢存在銀行，一年就會增加百分之幾的利率。所以在各位的父母那一代，總是像唸經一般叮嚀你們把錢「存起來」。但是，**銀行利率逐年下降，現在已經接近零。**即使存上幾十年，存款也幾乎不會增加。

要投資不動產，如果沒有一定的本金是無法開始的，要找人借錢、修理房屋也相當費神。在現今的日本房市，房租上漲的空間也有限。不管從不用勞力就能賺錢，或是單純想增加資產的出發點看來，房地產都不算是有吸引力的投資標的。

從這一點來說，股票就比其他金融資產更有魅力。這也是我的專業領域，所以接下來我想就股票投資來說明。

投資股票的意思，就是讓比自己優秀的經營者，或是具有出色商業模式的企業幫我們賺錢。以前，投資股票是有錢人才會做的事，但是現在**用網路就能買股票，也可以小額少量購買**。各位同學只要把壓歲錢存起來，等到上大學就能開始投資了。

股票是什麼？

企業成長需要錢，興建新的工廠、擴編人員的薪資、大張旗鼓打廣告等宣傳費，在在都需要資金。企業將錢花在這些事情上，就稱為「**企業投資**」。

所謂「股份公司」，就是向公司外部募集企業投資的資金（接受出資），並且運用在事業上以及賺取利潤的公司。購買股票，就是購買可以按照出資比例獲得企業「利潤」的權利。

如第一章談到的，錢是「感謝」的象徵。幫助許多人、獲得眾多「感謝」的企業，就可以賺取大量利潤。總之，企業就是透過收集大量「感謝」來增加收益的組織，就像是製造財富的引擎一般。

企業可以將賺取的利潤分配給股東（＝股利），也可以將利潤暫時保留在公司（＝保留盈餘）並且用於興建新工廠、聘用更多員工等企業投資項目，以獲取更多利益。「企業用保留盈餘投資事業」這件事，可以想像成公司將賺取的利潤當成燃料，再次投入引擎中，以產生更多動能。

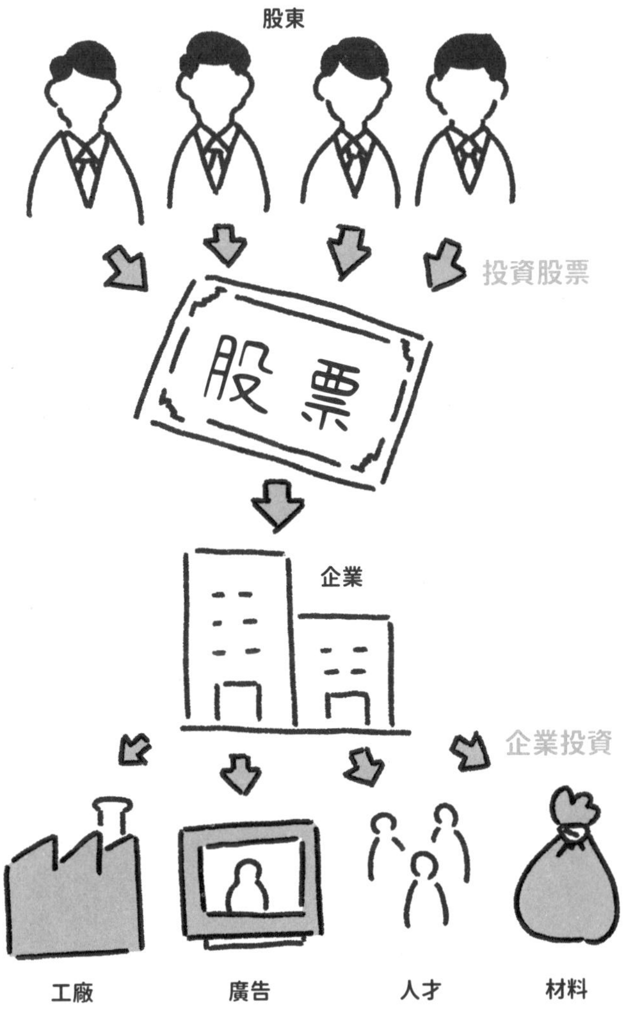
股東
投資股票
股票
企業
企業投資
工廠
廣告
人才
材料

另一方面，出錢購買股票並成為企業業主的人，就稱為「**股東**」。股東把錢寄放在企業，**讓企業幫自己賺錢**，所以從業主兼股東的角度來看，「股利」就是以現金的形式獲取企業賺的部分利潤，而「保留盈餘」則是把賺到的錢繼續放在所投資的企業，讓這些錢幫自己賺更多錢。

日本約有兩百萬家股份公司，其中三千八百家左右是「上市」公司，占不到〇．二％。「上市」代表可以在證券交易所公開買賣該公司股票，發行上市股票的企業稱為「**上市公司**」。我們每天都能在證券交易所自由買賣上市公司的股票，只要手上有錢，隨時都能成為這些企業的股東、業主。

例如，如果買下在證交所公開交易的豐田汽車股票，就能成為約六十萬名股東的其中一員，有權利按出資比例收取豐田汽車賺取的利潤。也可以說，買了豐田汽車的股票，就能讓豐田幫你賺錢。

包含你在內，所有股東都是將錢寄存在豐田公司，所以當豐田用這筆錢賺得利潤後，可以選擇以股利的形式把一部分營利還給股東，或者是把利潤用在建設更大的工廠、開發新型汽車（用保留盈餘進行企業投資）。如果公司把賺到的錢投入後續成長所需的事業，將來就能獲得更大的利益。

所以，洞察自己託付了寶貴資金的企業是否擁有強大的獲利能力、是否真的可以成長，是業主非常重要的任務。

投資與投機不同

我想各位已經知道，每天股票都會有不同的價格（股價），那麼你們知道股價是怎麼決定的嗎？

希望你們理解，股票也有「價值」與「價格」之分，這兩者未必一致，我現在就來說明。

首先是如何決定股價。每天，想要交易股票的人都會在「股票市場」集合，如果想買某支股票的人很多，股價就會上升；想賣的人很多，股價就會下跌，這與需求和供給理論有關。

另外，例如當新聞宣布「未來景氣好像會變差」，參與股票交易的人便會因為擔心股價下跌而賣出股票，所以，所有企業的股價會一起下跌。簡而言之，每天的**股價是依**

股價與理論價值

股價	理論價值
市場所決定的現實價格	按獲利推算的理論值
供需、股市投資人的心情	將來該企業可以創造的獲利總額
想買的人＞想賣的人 → 上升	獲利上升 → 理論價值上升
想買的人＜想賣的人 → 下跌	獲利減少 → 理論價值下跌

※兩者在中短期呈現偏離狀態，但長期上則會收斂

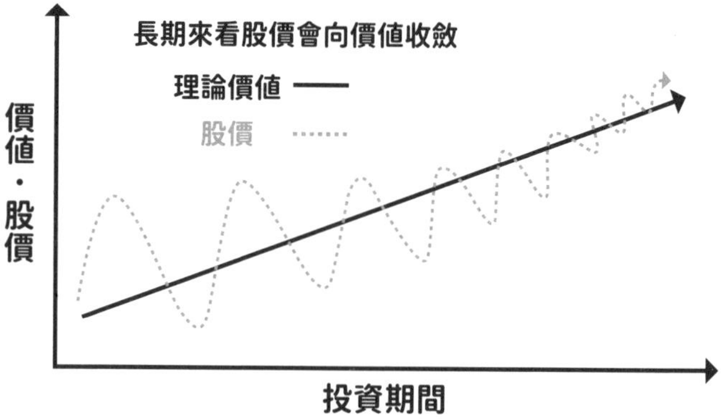

重點

- 理論價值的箭頭是直線
- 股價會隨著理論價值變化，
  並以理論價值為中心上下波動，
  漸漸縮小偏差幅度，最後向理論價值收斂

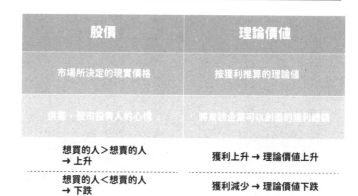

據參與股票市場民眾的「心情」來決定的，非常不穩定。

接下來談談「價值」。前面解釋過，股票是按出資比例獲得企業「利潤」的權利。這是股票在理論上的「價值」。總之，如果企業今後賺取的利潤增加，理論價值就會上升；獲利能力變差造成利潤減少的話，理論價值就會下降。

由於股價會隨著市場參與者喜怒無常的心情浮動，所以中短期的股價未必跟理論價值（理論值）一致。例如，當美國總統大選結果出爐時，業績完全不會因此受影響的日本超市股價卻因而下跌，這種狀況屢屢可見。但是**長期來說，股價必定會反映理論價值**。到了企業公開財務報表（相當於企業的連絡簿）、大家查看公司獲利時，就會發現「股價下跌和總統大選一點關係都沒有」。

而真正穩健的企業，會利用第四章所介紹的「複利」，讓股票的理論價值隨著時間呈現指數成長。

我身為專業投資人員，日夜分析股票的理論價值，也就是該企業具有多少獲利能力。只要冷靜判斷，就能看出該企業的獲利在長期上有沒有成長的可能。

相對地，我們很難預測中短期市場投資人的想法，甚至可以說不可能預測。即使在「預測」時做出一番了不起的分析，準確度其實只是丟個硬幣猜正反面的程度罷了。對我來說，那麼做只是賭博，**不是投資，而是投機**。

我並沒有批評賭博的意思。重點在於，賭博時要有「我正在賭博」的自覺。賭博的時候體內會分泌大量的腎上腺素、多巴胺，產生極度的雀躍興奮與忐忑不安，從這個觀點來看，賭博完全是「消費」行為。所以，各位同學未來進行當日沖銷（視當日股價的變動而買進、賣出，以賺取差額的行為）時，希望你們能意識到，自己是在「消費」寶貴的時間和金錢，所以，好好「享受」吧。

投資股票的優點不只有賺錢！

股票投資的優點是什麼？第一點當然是金錢方面的好處。在我們睡覺時，持股公司的商業模式依然為我們不斷工作；即使在我們受傷無法上班時也持續運作；就算我們被裁員，它還是會繼續幫我們賺錢，因此，投資股市可以說是獲得另一個錢包，可以減少工作附帶的風險。

另一點，是它能**與耕耘人生的鋤頭——也就是自己的才能產生加乘作用**。投資股票時，必須考慮經濟動向與企業的營利能力，這也是你們出社會投入商務工作之後需要的能力。如果無法養成這種思考模式，很快就會被企業裁員。

當然，建立假說並且開始投資並沒有那麼簡單，無法一蹴即成。但是多試幾次，就能透過失敗漸漸熟練，這與商場上的實務工作相同。

正因為如此，投資股票、成為公司股東，以及實際從事商務工作，兩者之間才能產生美好的加乘效果。

成爲巨富的唯一方法

一開始A同學問我：「要怎麼變成有錢人」，對吧？我將告訴各位成為「巨富」的方法。

那就是**自己開公司，也就是創業**。

你們知道亞馬遜的創辦人傑夫．貝佐斯有多少資產嗎？大約是一三五〇億美元（超過新台幣四兆元），富有得令人無法想像吧？日本電產的會長永守重信在二十八歲時，

2021年《彭博》億萬富豪指數排行榜

排名	姓名（國籍）	資產額	產業類別
1	伊隆・馬斯克（美國）	21兆日圓	IT
2	傑夫・貝佐斯（美國）	19兆日圓	IT
3	比爾・蓋茲（美國）	14兆日圓	IT
4	貝爾納・阿爾諾（法國）	12兆日圓	成衣
5	馬克・祖克柏（美國）	10兆日圓	IT
6	華倫・巴菲特（美國）	9.5兆日圓	投資
7	鍾睒睒（中國）	9兆日圓	飲料
8	賴利・佩吉（美國）	8.7兆日圓	IT
9	謝爾蓋・布林（美國）	8.4兆日圓	IT
10	勞倫斯・艾利森（美國）	8.4兆日圓	IT
⋮	⋮	⋮	⋮
27	柳井正（日本）	4.7兆日圓	成衣

（來自2021年Bloomberg調查）

把自己擁有的時間、才能和少許資金全部投資在「會轉的東西、會動的東西（馬達）」，創建現在市值超過四兆日圓（約新台幣一兆元）的企業集團，成為個人資產超過四十六億美元（約新台幣一千四百億元）的大富豪。

如果進入別人成立的公司工作，並逐漸升職，假設運氣好一點當上總經理，薪水就會是一般員工的好幾倍，資產也會有好幾千萬元。

相較之下，如果自己創業，創業家同時也是最大的股東，通常企業的所有獲利中有數成會進入自己的口袋。**如果事業大幅成長，就能獲得極高的收入和資產。**

創業，是將自己和他人的才能結合，利用加乘效果，為社會提供價值的終極投資，因此，創業成功時的回饋也會非比尋常地巨大。創業會運用到第四章將要提及的複利效果，讓企業價值如滾雪球般增加，這是單純投資股票所得不到的東西。

所有破格的大富豪們，都是把自己的才華與時間投入事業當作賭注，沒有任何一位是以上班族的身分躍升為富豪的。

我希望各位能懷抱著改變世界的偉大夢想。

靠投資來改變未來吧！能改變自己未來的，就只有你們自己。

chapter 04

「複利」：強大的財富引擎

複利是人類最偉大的發明

把錢存在金融機構，會產生「利息」。附加的「利息」與本金的百分比稱為「利率」。而利率的種類又分為「單利」和「複利」。

說到複利，就一定要提到發表相對論的天才物理學家愛因斯坦博士說過的話：

「複利是人類最偉大的發明，懂的人用複利賺錢，不懂的人付利息。」

雖然愛因斯坦是否真的說過這句話已不可考，說不定只是道聽塗說，但「複利」對投資來說確實是強而有力的引擎。

三十年前，我還是銀行員時，是個利率非常高的時代。日本的五年期債券（國家或公司等機構向投資者借錢時，作為證明所發行的票券），利率達七%或八%，光是持有債券就能賺錢。

例如，一百萬日圓的本金（作為本錢的資金），以年利率七%投資一年的話，利息就有七萬日圓。也就是說，**十年就能增加七十萬日圓的利息**（實際上還要扣掉稅金，不過內容太複雜，此處省略）。這稱為「單利」。

相對地，**將每年增加的利息，按順序投入本金中一起計算利息，就叫做「複利」**。

請算算看，相同條件下，如果將一年產生的七萬日圓利息改用複利計算，會發生什麼事？其實可以用計算公式立刻算出來，不過為了讓各位了解複利的結構，所以我列出每年的利息算式：

第一年……一〇〇萬日圓×七％＝七萬日圓
第二年……（一〇〇萬日圓＋七萬日圓）×七％＝七四九〇〇日圓
第三年……（一〇〇萬日圓＋七萬日圓＋七四九〇〇日圓）×七％＝八〇一四三日圓

以單利計算的話，一百萬日圓的本金每年只會產生七萬日圓的利息。但是如果改為複利，第一年產生的利息也會加入本金計算，因此第二年是以一〇七萬日圓本金來計算七％利息。而第三年的本金又會加入第一年與第二年的利息，因此第三年的利息會以新的本金，也就是一一四萬四九〇〇日圓的七％來計算。

按這個計算方法，即使利率相同，如果投資期間越長，本金就越多，因此存款增加的速度比單利計算更快。

以這個條件用單利計息十年的話，利息是七十萬日圓；以複利計息的話，利息約為一百萬日圓。複利產生的利息比單利增加了約三〇％。單利只是直線式的增加利息，所以假設在相同條件下投資二十年，利息是一四〇萬日圓，投資三十年的話利息則是二一〇萬日圓。

但是，**運用複利的話，投資時間越長，利息越是三級跳**。如果以七％的複利計算，本金大約十年就能翻倍。而且，若是投資二十年大約可以得到二八七萬日圓，三十年的話則超過六六一萬日圓。投資的時間越長，複利與單利的差異就越明顯。這種現象，可以用「滾雪球」來形容。

各位同學的爺爺、奶奶那一輩之所以熱衷於將錢存進銀行、郵局，就是這個原因。銀行存款會因為複利而增加，當利率高到一定程度時，金錢也會「滾雪球」式地增加。

單利與複利

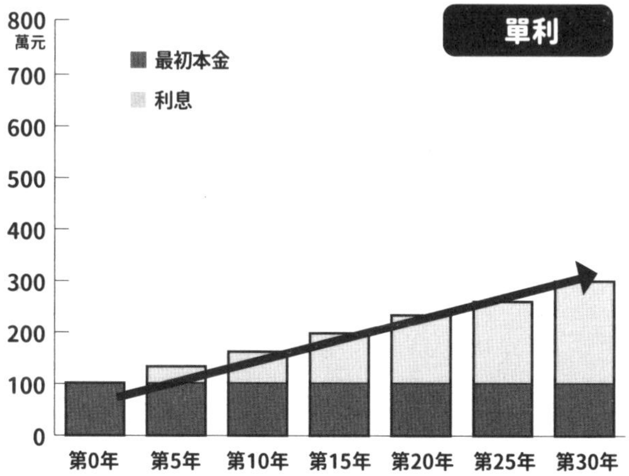
單利
800
萬元
700
600
500
400
300
200
100
0
最初本金
利息
第0年
第5年
第10年
第15年
第20年
第25年
第30年

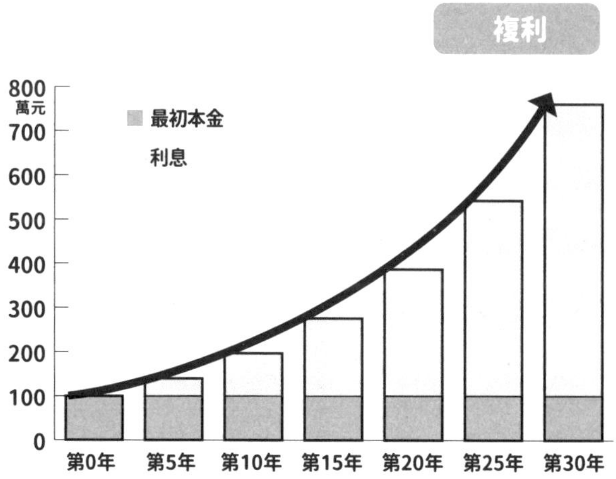
複利
800
萬元
700
600
500
400
300
200
100
0
最初本金
利息
第0年
第5年
第10年
第15年
第20年
第25年
第30年

將錢存在銀行裡也不會增加

不過，各位同學可能根本不知道把錢存在銀行裡會產生「利息」。因為，差不多從各位出生的時候起，銀行的利率就幾乎等於零，這個情況一直持續到現在。

各位同學大約是在二〇〇三年到二〇〇五年左右出生的吧？當時日本所有利率的依據——「日本基本貼現及放款利率」大約是〇．一%到〇．四%。銀行的存款利率便是參考這個基準利率決定的。所以從當時開始，就已出現「**將錢存在銀行也完全不會增加**」的狀況。

現在，日本的五年期定期存款年利率是〇．〇〇二%，所以將一百萬日圓定存五年，期滿可得的利息是一百日圓。一百萬日圓本金存了五年後，只能產生一百圓的收益，可見銀行存款帳戶已經不能算是金融商品，只是單純的保險庫。

這個狀況將持續二十年以上，所以就算我告訴各位「複利」的意義，大家可能也覺得有點空虛。

不過，不用擔心。即使利率降到這麼低，複利的機制還是會正常運作。接下來，我就來說明「理論價值的複利效果」。

理論價值（企業價值）的複利效果

第三章說明的是股票「價值」與「價格」的不同。我們可以透過預測企業的未來獲利，計算出股票的「理論價值」，而每天股票市場中顯示的股價則是「價格」。長期來看，股價會反映出股票的理論價值。

這裡省略了嚴謹的細節，不過企業價值與未來的獲利會成比例地增減。簡單來說，企業未來的獲利能力增強時企業價值就會上升；獲利能力減弱的話企業價值則降低。在一定條件下，「理論價值」會隨著時間而複利性增加。

所謂的一定條件是什麼？就是以下三點：①該企業具有「競爭優勢」，②該企業保留賺得的盈餘，再次投入事業中，加強公司成長和競爭優勢，③必須經過一段時間。

競爭優勢是指公司內部的人才非常優異，或具備其他同業無法模仿的商業模式。這類企業勤於研究開發，使用最新的生產設備，提供受到全世界感謝的產品或服務，所以

穩健的企業靠複利放大價值

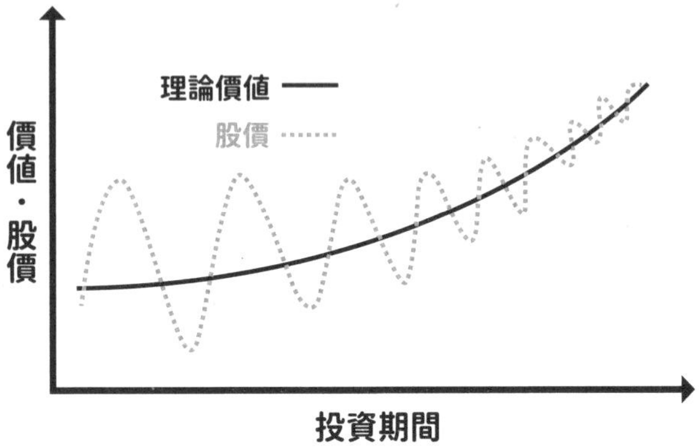

能夠持續獲取巨大的利益。

企業可以將賺得的盈餘轉為「股利」分配給股東，也可以將盈餘留在公司（保留盈餘），用於企業投資以期更進一步的成長。例如投資製造產品的設備、投資於研發新產品，以及培育優秀人才等，都屬於這一類。

為了持續成長和提升競爭優勢，具有高「競爭優勢」的企業會將賺取的利潤再次投資於自己的事業，增強自己的「獲利能力」，因此可以創造更龐大的利潤。

長期反覆進行這件事，公司的理論價值就會呈現指數成長。各位同學都在數學課上學過指數函數吧？當橫軸的值（時間）增加的話，縱軸的值（理論價值）便會爆發性地增長，這便是「理論價值的複利效果」。

將部分利益再次投資到自己旗下的傑出事業以提高企業價值，就能獲得「價值」的複利效果，企業價值也會「滾雪球」般膨脹。

這麼一來，長期來看股價也會因為反映不斷膨脹的企業價值而跟著上升。正因為如此，投資高競爭優勢的優秀企業，時間一久便能享受到複利的效果。

不要接近高配息企業！

有些自稱專家的人經常說些「高配息股很有吸引力」這類的話。會說這種話的人對投資真正的意義實在缺乏了解。如果有人煞有其事地說這種話，最好不要相信他。

自從存款利率近乎零，投資公司便開始積極推薦高配息類股。但是，**很多真正優良的企業並不會發配股息**。

尤其是正在顯著成長的企業，不會發任何股息給股東，而是將賺取的利潤全部投入設備、研究開發以及人才投資，以期得到更大的成長，也就是**運用複利效果投資自己的**

公司，讓公司進一步壯大。

優秀的經營者都了解複利效果的驚人成效。

當公司具有競爭優勢以及成長機會，哪有餘裕發配股息呢？此時必須為了成長進行投資，盡可能擴大公司的企業價值。

從相反地觀點來看，可以說高配息企業的經營者已經放棄自己的成長機會，找不到對公司發展必要的投資案，競爭優勢並不充分，或是不知道該將錢投資在哪裡，但是又不想被股東拋棄，為了留住股東所以才發放高股息。

二〇二〇年十一月，東證一部*上市企業的平均現金殖利率**為二．二三%。發現某家企業的現金殖利率比市場整體平均數字高很多時，最好調查一下它的業績是否真有成長，或者是否保有競爭優勢。如果只是被高配息吸引，會失去更重要的東西。

還有一種與股息類似的「股東優待制度***」，提供股東可以兌換該企業商品、服務的票券。老實說，我無法理解這項制度的意義，而且全世界只有日本企業這麼做。「股東優待制度」的資金不外乎是企業盈餘，這就像是用自己的錢發紅包給自己。

既然有這些資金，投資在自家公司肯定更有幫助。各位同學未來投資股票時，**千萬不能只為了得到「股東紀念品」而去買一家公司的股票**。

追求股息的股東，只是在搶食所投資企業的成長空間，等於將複利的引擎關閉。說到底，如果不相信企業的「獲利能力」，一開始就不該投資它。

不賺錢的超優良企業

我想介紹一個憑著價值的複利效果實現滾雪球式成長的企業實例，就是大家經常聽到的亞馬遜。

亞馬遜直到最近才終於開始盈利，所以當然發不了股息。它在過去並非沒有獲利，

---

* 東證一部：東京證券交易所上市股票市場一部的簡稱，相當於台灣的證券集中交易市場，另有東證二部，相當於台灣的櫃買市場。

** 殖利率：每股股息除以股價，通常以百分比表示。

*** 股東優待制度：日本股市特有的股東回饋機制，上市企業會贈送公司商品或優惠券給投資金額高於一定額度的股東，類似台灣的股東紀念品制度。

而是「選擇不盈利」。事實上它早就達成隨時都能盈利的狀態，但是為了強化競爭優勢、建立進入門檻，所以優先大力投資，刻意將盈利的時間點往後延。

舉例來說，相信各位同學之中已有人正在使用它們的Amazon Prime服務，你們知道每個月的會費是多少錢嗎？

以日本來說，可以選擇繳年費四九〇〇日圓，或是每月五〇〇日圓（二〇二一年二月）。而且成為Prime會員的話，在亞馬遜網站購物全面免運費，還可以享受電影、電視劇看到飽，也可以使用Prime Music聽音樂、免費看部分電子書。

如果每月購物一次，再看一部電影，轉眼間就會有「回本」的感覺。顧客的「回本」，對亞馬遜來說就是沒賺錢的意思。

其實，日本每年收費四九〇〇日圓的服務，在美國要價一百美元（超過台幣三千元）以上。如果亞馬遜想在日本盈利，只要把Amazon Prime的會費從現在的四九〇〇圓漸漸提高到六〇〇〇日圓、八〇〇〇日圓、一萬日圓就行了。其實從某個時期開始隨時都可以提高會費，但是它現在依然策略性地壓低會費，**以價格戰略建立競爭優勢**。

這種做法有利於亞馬遜與其他ＥＣ（電子商務）企業的競爭，而同時，目前在實體店鋪販賣商品的零售業者都被亞馬遜搶走了客群。說不定再過幾年，大半的零售店都會被亞馬遜擊垮。

亞馬遜只要等待Prime服務的價格充分削弱或是擊垮競爭對手後，再慢慢調高收費就行了。當然，價格上漲的話也會有人退訂，但是習慣非常很可怕，體驗過亞馬遜Prime影片或音樂服務的人，恐怕大部分都沒辦法中止。到時競爭對手已十分虛弱，消費者在市場上的選項也變得有限。

這真是個設想周全的長期策略，令人汗毛直豎。二〇一九年度，亞馬遜的全球營業額為二八〇五億美元（約新台幣八．八兆元）。雖然擁有這麼大規模的營業額，但亞馬遜直到最近以前完全沒有獲利。

這是因為，亞馬遜積極地進行各種形式的投資，並將它們列為「費用」，以避免被課法人稅。它並非吝惜支付法人稅，而是為了在其他和亞馬遜採取相同商業模式的新企業出現時，建立壓倒性的差距，讓對方認為「完全打不過亞馬遜」，因而採行的投資策略。這就是所謂的「進入門檻」。這種企業哪有閒功夫發股息呢？

讓我們實際看看亞馬遜的企業價值演變。省略嚴謹的說明，這裡舉出的「稅息折舊及攤銷前利潤（EBITDA）」指標*，針對「利潤」進行了幾種調整，比起企業價值指標更適合用於此處。從圖表就能了解亞馬遜的企業價值確實呈現指數增長。

亞馬遜的股價變化

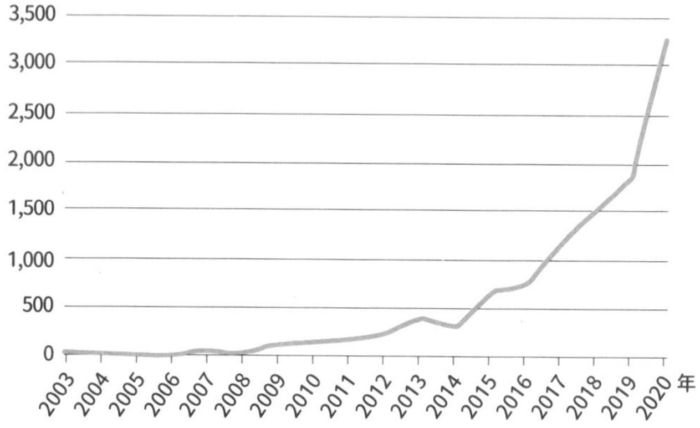

亞馬遜的EBITDA變化

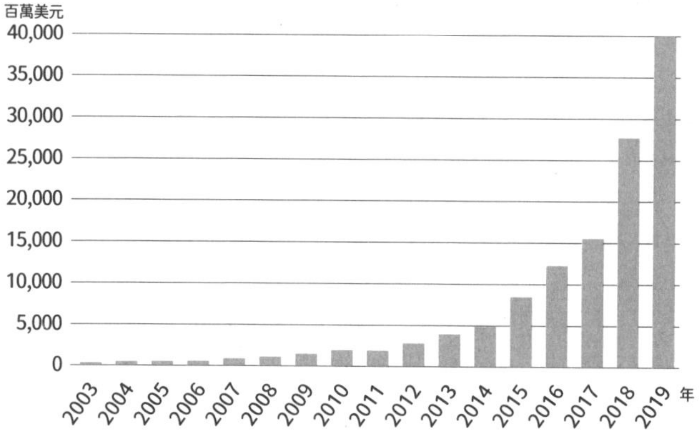

這類企業的價值會長期持續成長，也許短期內會有波動，但是將眼光放遠，「價值的複利效果」這個強力引擎將會全速運轉，創造驚人且戲劇化的成長。我們的工作就是找出這樣的公司並且投資它們。投資追求的並不是立即的結果，而是需要長時間的培養。

「時間」是投資的重要武器。傑出企業的價值，是需要投入時間，並且在複利效果的幫助下累積壯大的。再優秀的企業，中短期內股價還是會受到股市行情變動的影響，但長期來說，股價會隨著不斷累積擴大的企業價值而上升。

因此，希望各位同學趁年輕時開始長期投資這種企業，人生肯定會大幅改變。

＊ 稅息折舊及攤銷前利潤（Earnings Before Interest,Taxes,Depreciation and Amortization，縮寫為EBITDA）：指計算利潤時刪除與公司經營沒有直接相關的項目（稅、利息、折舊及攤銷），代表公司主要業務的獲利狀況，是評估公司獲利能力的常用指標之一。

自我投資要趁早開始

廣義來看，「複利」的思考方式也可以應用在人生中。

自我投資和投資相同，越早開始就能創造成長差距，因為擁有使用「複利引擎」的空間。既然是投資，最初當然會經歷辛苦的付出，但是之後就能獲取莫大的回饋，就像「倒吃甘蔗」一般。

這和運動一樣，**趁年輕時鍛練基礎很重要**。基礎雖然代表對事物的理解只局限在某個程度，但應用卻是無限的。擁有可以活用的基礎，就能擴展無限的可能性。

沒有基礎的人無法自主思考，所以會隨著社群網站上流傳的可疑二手資訊起舞。自主思考的習慣+基礎能力是很重要的，而基礎能力當然是越早培養越好。

你們正在努力學習的知識也屬於基礎能力。

舉例來說，**英文就是先學先贏的學問**。

只在網路上瀏覽中文資訊就太過短淺了。若是搜尋英語的資料來源，將能得到取之不盡的新資訊。像是日本東北大地震時，只有海外媒體報導「爐心熔毀」的真相。單靠

自我投資的雪球

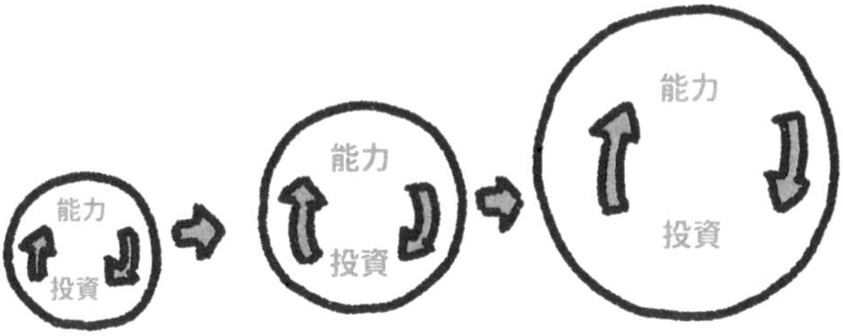

國內的資訊，只能得到偏頗的訊息，資訊量的差距也是小巫見大巫。

從事商務工作也一樣，以國內人口為對象，和以全世界七十億人口為對象有天壤之別。在景氣蕭條之下，想要憑著貿易成功並不簡單，但是如果一開始就把世界當成市場，成長的速度自然也完全不同。

著名經營顧問大前研一*在大學時的打工，是擔任外國觀光客的翻譯嚮導，也是當時取得翻譯嚮導資格的人之中最年輕的一位。他認為培養用英語說明日本文化、歷史的能力，是成為真正「精英」必備的素養，不但有益於將來，而且還能賺取打工費，真可謂一石二鳥。

＊大前研一是世界知名的管理學家及經濟評論家，曾擔任商業顧問及國家經濟顧問，並活躍於各大領域。

數學則是所有邏輯思考的基礎。數學能力可以幫助我們跨越語言及文化的隔閡進行邏輯思考，在國外留學時也會成為強大的武器。就算不諳英語，數字卻是世界的共通語言，數學公式在全世界也都通用。

我高中時數學成績不錯，國語卻很爛。國語是感受感性的文章脈絡的藝術，我甚至覺得這個學問中沒有正確答案。但是後來我體會到，數學和國語有一個共通之處，它們都是需要使用邏輯思考的學問，從此之後，我的國語也漸漸上手了。

我在數學中學到邏輯思考的方法，然後運用在國語上。邏輯思考在創業或者經營組織時，都是必備的基礎之一。能否在人生的前半部分習得這個技能，將決定各位在未來漫長的職涯中累積成果的速度。

結論就是，**「複利」的良性循環十分重要**。「複利」與「單利」在一開始差距很小，但隨著時間拉長，差異會漸漸變大，越早開始應用「複利」越好。

這也適用於人生。自我投資也許剛開始會很辛苦，但是累積在自己身上的「利息」不會白白浪費。只要持續為自己投資，就**能得到「滾雪球」般的巨大回饋**。

chapter 05

關於公司，我該了解什麼？

公司並不是領薪水的地方

前面幾章中，我們學習了「投資企業」的學問，在本章中，我想來談談「公司」。

問題來了。E同學，你認為公司是做什麼的地方？

「是工作、領薪水的地方。」

會這麼想的確有道理。不過，我想告訴你們，公司並不是領薪水的地方。**公司這個組織，是聚集了擁有不同天賦的個人，共同為社會或顧客解決個人無法獨自解決的問題的地方。**它絕不是為了給付員工薪水而存在的地方，很多人都誤解了。公司支付的薪水只不過是解決社會問題之後的結果。

如同一開始所說的，金錢是感謝的象徵。企業獲得的金錢（＝營業額、利潤），就是它成功提供社會價值的結果。

相反地，不能有效為顧客或社會解決問題的企業，基本上沒有存在的意義，營業額、利潤也不會持續成長，所以這種企業很難避免削減員工薪資或裁員。

各位最好要有心理準備，「一旦進入公司就職就能一直做到退休」的約定（＝終身

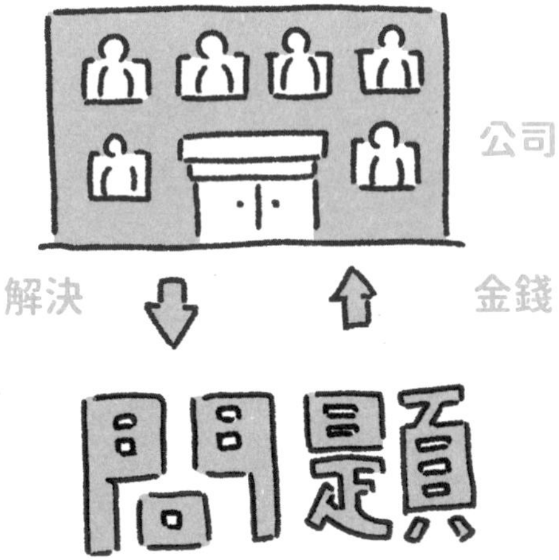

雇用制）只是一場空。那種制度在過去的日本之所以可以運作，是因為當時處於高度成長期，企業正在擴大事業的關係，並不是因為有了終身雇用制才形成高度成長。

九〇年代以後，日本經濟的停滯已來到不忍卒睹的地步。在這種狀況下勉強維持的終身雇用制，恐怕在未來已經無法存續，最好別抱任何希望。

公司是販賣能力的地方

或者應該說，抱著讓公司「雇用」的被動心態，不論經過多久，都只能被公司任意使喚。

與其如此，不如這麼想：

「**我把自己的能力賣給公司**，薪水是我提供價值的合理報酬。」

如果這麼想，就會理所當然地花更多成本投資自己、磨練自己的能力。學習英語、會計等基礎技能自不待言，學習最新的商務理論，或是留職停薪一年到國外旅行增廣見聞也很好。

你們不能再依賴終身雇用制度，必須成為任何一家企業都願意接納的專業人士。會計、法律、業務、行政、系統工程等，不論哪個領域都無所謂。其中只要有兩項能力高於一般水準，即使公司倒閉也不用擔心。

如此一來，換工作也變得很簡單。說到底，如果無法成為每在家公司都能勝任的人才，即使在現在的公司裡都很難升職。

勞工2.0

	勞工 1.0	勞工 2.0	資本家
心態	聽命行事	主動工作	驅使他人為自己工作
[illegible]	[illegible]	[illegible]	[illegible]
交集、人際關係	僅限於自己的職場	任職公司整體 顧客 業界	社會整體 社群
工作方式	單純販賣自己的時間	販賣自己的才能	利用他人的才能和時間
對投資的想法	不投資	從自我投資到長期投資	長期投資

像這種自主性強、主動提升自己「工作能力」的人才，就是我所提倡的「勞工二．〇」（不是被動地受雇，而是擁有主動性的勞工）。

我該選擇怎樣的公司？

當各位出社會，成為公司的中心人物施展長才時，終身雇用制度大概也已經不存在了。你們可能會在不斷換工作的過程中磨練出拿手技能，成為專業人士。所以，大家在最初選擇就職的企業時，**應該選「能夠讓自己成長的地方」**。如果可以在工作中磨練能力，未來等待著你的就是升職或轉職。如果無法在工作中打磨能力，運氣好的情況就是在同一家公司待一輩子，運氣不好的話就只能等著被裁員。所以，在一開始選擇「能讓自己成長的地方」非常重要。

我大學畢業時，雖然已決定好未來的大方向是從事「金融＋顧問」性質的工作，但是對於該去哪裡工作完全沒有概念。不過，我只重視一個標準，就是「能夠讓我成長的地方」。

我選擇就職的日本長期信用銀行（長銀），是一家願意讓大學剛畢業的新鮮人負責大企業融資業務的銀行。我聽說如果在這家銀行工作數年後，也有很多機會到國外留學、任職等等，便因為這個理由選擇了它。

當時，有人告訴我他在日本的都市銀行（現在改稱巨型銀行）就職，好幾年都只能管理ATM的鈔票。我當時心想，自己沒有時間浪費在那種工作上。我告訴自己，如果能在不偏離「金融＋顧問」的大方向下超速成長的話，隨時都可辭去現在的工作！該說是志得意滿，還是閱歷太淺……現在回想起來只覺得丟臉。

但是，這個方針完全正確。長銀確實人才薈萃，與這些同事以及客戶往來的業務經驗，正是我成為商務人士的初體驗，在長銀的這六年帶給我確實的成長，我非常感謝。長銀的前輩和客戶的財務部門時而嚴厲、時而親切地指導我這個倔強卻無能的菜鳥，我實在感激不盡。

話題扯遠了。不過**選擇求職目標時，「可以讓自己成長的地方」這項標準絕對重要**。薪水、員工福利等等，對你們偉大的未來說，都只會帶來極小的差距。

從這層意義上來說，「學生最愛的人氣公司排行榜」也沒有任何意義，反倒應該避開它們。因為學生往往會單純用公司氛圍、待遇來挑選公司，眼中只看到「現在」，傾向選擇此刻正處巔峰時期的公司。

別害怕不穩定

人都喜歡安穩，但是，現今時代的變遷不斷加速，追求安穩反倒會帶來不安穩。

如果是對於時代變遷缺乏應對能力與必要性的老人，追求安穩倒是可以理解。但是，即將創造未來時代的年輕人，將「安穩」作為選擇職業的標準，就表示他們看不到時代的變化，未來的人生恐怕會很艱辛。

如果真的期望工作安穩，也許以官僚或公務員為目標比較好，不過像日本就面臨人口急劇減少，對公共服務的需求是否還像從前那麼多，只要動動腦就知道了。

父母的意見和老師的建議聽聽就可以了。我並不是指父母的意見是錯的，而是認為父母總是希望孩子選擇「安穩」。但是，**請切實理解「安定」在這個時代是多麼危險的概念**。當父母說出「安穩」二字時，請特別注意。

父母走過的安穩時代，與你們現在的時代完全不同；而大多數老師沒有在民間企業工作過。他們的確很認真地為各位著想，但是自己的人生應該由自己決定。

另外，也有很多人以薪水作為選擇標準，但是金錢的積聚乃是各位向社會提供價值的結果。直接追求金錢，只會成為金錢的奴隸。大家如果能累積實力，提供專業人士的價值，金錢便會滾滾而來，請不用擔心。

不要害怕失敗，鼓起勇氣攀登成長的高山吧！猶豫不決與煩惱也只是浪費時間，只要下定決心，一定能看到只屬於登山者的偉大風景。

公司並不屬於董事長

我記得小時候有個朋友經常在作文裡寫道自己的夢想是「成為董事長」。大概是因為，小朋友都誤以為「董事長是公司最了不起的人物」。大家覺得呢？

剛畢業進入公司，從普通員工起步，提案受到採納，或是有了出色的業務成績，對公司的貢獻受到認可，通過升職考試逐漸晉升，最後只有極少一部分的人在競爭中勝出，被選為經理，這便是一般人對公司架構的印象。

然後，依照大家的認知，會有一群股東和高階主管組成公司的董事會，而董事長是其中的領袖。因此，大家才會認為董事長擁有強大的權力，是公司中最偉大、獨一無

二、可以肆意妄為的人物。

然而，按照公司法，也就是規範公司如何運作的法律規定，「股東會」才是公司的最高決策機構，而董事會的人選必須由股東透過股東大會選出。

也就是說，董事的身分是「股東的意見代表人」，必須在董事們共同出席的董事會上，針對公司事務的必要決策進行表決。**董事的任務是為股東監督公司有沒有確實執行業務，或箝制不健全的經營行為**。

在國外企業，尤其是美國企業就嚴格遵循這項原則。股東大會選出的董事會成員中通常有許多獨立董事，這些人一般也是其他公司的經營者，不但能活用身為經營者的見識作出決定，同時也能監督公司是否正常營運。而實際執行公司業務的則是總經理或CEO（執行長）以下的經理。

從這個結構來看，可以說**公司並不是董事長一個人的。擁有公司的其實是股東**。一旦股東判斷「這個董事長對股東沒有助益」，就能輕而易舉地從董事會將他開除。

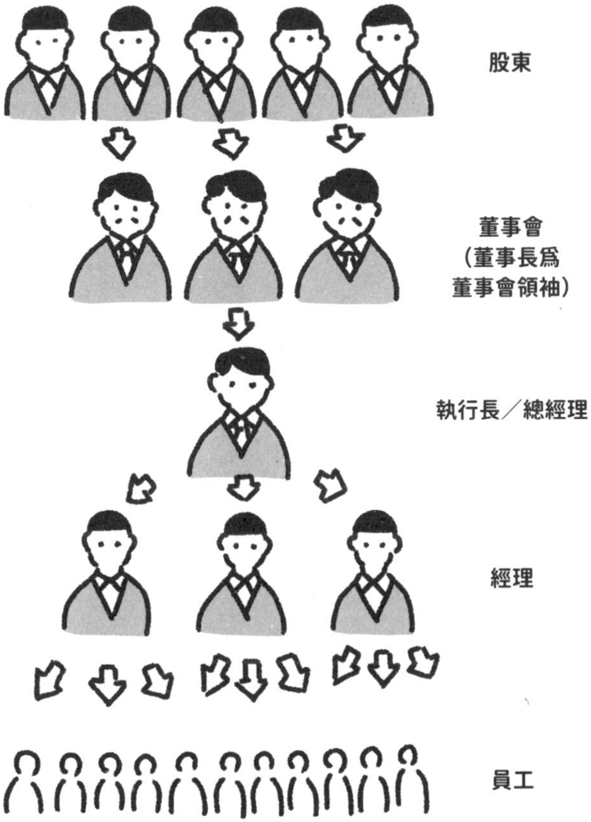
股東
董事會
(董事長爲
董事會領袖)
執行長／總經理
經理
員工

專業經理人的出現

在股東面前，連總經理都只是職員中的一人。這點不論在美國或日本，都是法律規定中「股份公司」的共通原則。

自始至終，公司的主人都是「股東」，總經理等執行業務的主管，都是任命於接受股東委託的「董事會」。而股東的意見，則是為了最大化企業的價值。

因此，公司內部如果沒有適合當總經理的人物，公司就會向外部尋找人選，提供高額報酬、網羅經營能力出色的專業經營人才。總之，是否要從公司內部選出總經理，終究是由身為業主的「股東」來決定。

所謂的專業經理人，會善用經營者的技巧，跨足多家公司，發揮才能來提升企業價值，或者是進行經營的重整。

近年來，日本的專業經理人也有逐漸增加的趨勢。例如，從日本可口可樂公司會長轉任資生堂社長的魚谷雅彥、從嬌生公司最高顧問轉任卡樂比公司會長兼執行長的松本晃，以及羅森集團會長轉任三得利股份公司社長的新浪剛史等人。我想或許有些人會從公司名字注意到，這些經理人跨足的業種五花八門。魚谷先生從飲料轉行到化妝品產業，松本先生從醫療器材跨入零食產業，新浪先生則是從便利超商產業進入製酒業。

我想說的是，想要成為一家企業的經理人，不必在大學一畢業就進入該公司，然後從升職競爭中脫穎而出。成為一個具備專業實力、能夠獲得股東信賴的人材才是重點。

經理人的資質

那麼，成為經理人需要具備什麼樣的資質呢？

因為工作的性質，我經常訪問日本以及世界各地的企業，訪談各式各樣業種的經理人。透過這些經驗，我認為經營者最重要的資質，就是**具備「投資眼光」，也就是洞悉公司事業的眼光和決心達成目標的「膽識」**。

當然，其他像是領導力、掌握人心的能力之類與組織營運有關的要素也很重要，但是那不只是經理人需要有的能力，而是所有商業人士都應該具備的。

經理人的經營決策，是關於思考、判斷應該將公司擁有的「經營資源」投資在哪種產業最有效率，並提出最大化企業價值的策略。工廠廠長必須思考如何讓工廠的生產更有效率，而關於人員聘用與異動，則應該由人事部長來判斷。

經營資源，就是人、物、錢。「人」是指員工，如果公司的人才不足，就必須考慮從外部招攬人才。「物」是指企業擁有的土地、建築、設備，而「錢」是「財力」、「資金調度力」等等，主要指財務上的資源。

分配、投入經營資源的策略，不只有擴大工廠的投資、研究開發的投資、人才培訓的投資等等，也包含「企業併購」，也就是買下其他公司。為了執行這些投資，就需要能夠綜合理解公司產業結構、競爭環境、未來願景的「**投資眼光**」，更重要的是決心實踐的「**膽識**」。

只要有一定程度知識的人都能做到紙上談兵、把漂亮的戰略和理論說得頭頭是道，但是，如果要將理論付諸實行，在狂風撲面中貫徹戰略並取得成功，就需要大膽與沉著。所謂的「投資眼光」與「膽識」，就是在實際投資、一再失敗和成功的過程中磨練出來的。

經理人是「企業投資的專家」。而真正的企業投資專家，不論在哪一家公司、哪一個產業都適任。

經理人的投資眼光

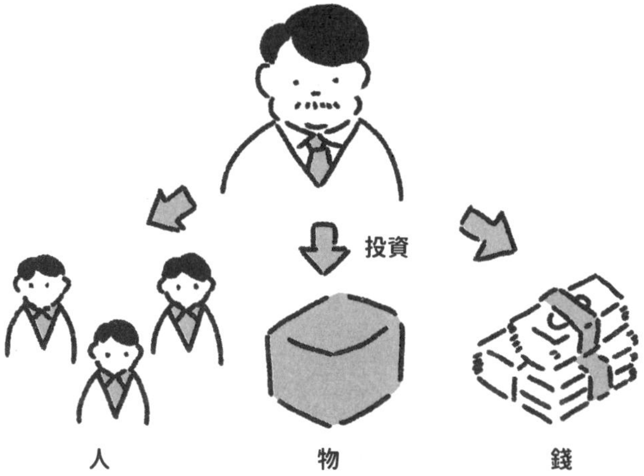

無論你想要在就職後慢慢往上爬升到經理人的位置，或是經歷數家公司，最後當上經理人，抑或是自己創業當老闆，不論用什麼方法都是個人自由。但是不管採取哪一種做法，如果沒有投資家的資質，也就是投資眼光和膽識，絕對不可能成為優秀的經營者。

華倫．巴菲特曾經說過：

「正因為我是個事業家，所以能做出更好的投資。而正因為我是個投資家，才能做出更好的事業。」

要怎麼變成股東？

許多美國企業的CEO可以領到高額年薪，但是想要成為真正的富人，就必須成為股東才行。

「資本」是指出資者向企業投資的錢。過去的有限公司必須有五十萬元資本，股份有限公司必須有一百萬元資本才能設立公司。現在已經取消最低資本額制度，所以，一塊錢也能成立股份公司。

話雖如此，即使用一塊錢設立公司，也無法實際營運。將辦公室、事務機器、其他設備都考慮進去的話，就需要一定程度的資金。當資本是由**多位出資者合力出錢時，出資者就可以擁有股份，作為出資的證明。而且一旦公司有盈利時，就可按照出資比例獲得利潤。**

總之，**資本就是參與公司利潤分配的權利**。

「但是，公司員工的薪水也是從公司的營業額來的吧？」

是的。不過，公司職員領到的薪水，與股東得到的股息有著根本上的不同。員工領到的薪水只不過是「每個星期一到星期五，從早上九點工作到傍晚五點」的報酬。員工對於公司所得到的利潤，完全沒有所有權。

如果升職的話，薪水多少會增加，可是不論升到多高的職位，也與公司的盈利沒有直接關係。員工收受的薪水終究只是自己透過工作等價交換的結果。這一點，即使成為董事長也是一樣的。

另一方面，如果自己出資的公司賺得莫大的利潤，股東就能得到相應的股息。而且利潤增加越多，股東就能得到更大的利益。這筆利益與職員的薪水不同，沒有上限，是無限大的。

說到底，**透過出賣自己的時間為公司工作，是無法期待收入會爆炸性增加的**。即將出社會工作的各位同學，一定要牢記這一點。剛開始，各位可能會卯盡全力專注在工作上，一時還顧不及這個方面，但是稍微有些餘裕後，就可以開始投資公司的股票，不管是自家公司或是其他公司都無妨。

投資股票就是成為公司的老闆，即使你是個二十幾歲的年輕上班族，也能成為不折不扣的老闆。抱著「自己是企業老闆」的想法，從業主的角度看看自己身為職員天天埋頭苦幹的工作內容吧。若能養成習慣，思考自己從事的工作對公司而言具有什麼意義，工作也會更快上手。

我把這種人稱為「勞工二・〇」。過著任人壓榨、寄生於公司的社畜人生，豈不是太無趣了嗎？希望各位能夠正確了解股票，活用於工作上，並且擁有隨時都能創業的氣概。

chapter 06

創造價值的時代！

利潤是什麼？

前面幾章中，你們學到了「投資」、「複利」、「公司」是什麼。其中尤其重要的觀念，就是企業所賺取的「利潤」。

歸根究柢，各位認為「利潤」是什麼呢？社會上對於賺取龐大利潤的公司或企業家，似乎有種既羨慕又嫉妒，心想「他們是不是做了什麼虧心事」的傾向。但是，那是因為大家看過詐欺案件或黑心企業的報導，對利潤產生明顯錯誤的的印象。

在會計上，將營業額扣除費用後得到的數字就是利潤，如果能提高營業額、縮減費用，利潤自然就會增加。

而若是有經營者抱著「卑劣」的心態欺騙顧客，藉此提高營業額，或是不支付合理的薪資給職員以縮減成本，這就屬於黑心企業，用這種方式賺取利潤根本可惡至極，如此偏狹的思想也不可能永續經營公司的。

透過追求長期利潤，達到利己與利他的調和

正派企業賺取的利潤，乃是解決顧客與社會問題的報酬。賺得龐大利潤的企業，就是解決眾多顧客及社會問題的企業；持續獲得收益的企業，則是不斷解決問題的優良企業。資本主義，便是讓企業在解決顧客或社會問題的「效率」上互相競爭的制度。

為了在競爭中勝出，企業必須苦心追求技術革新與改善公司業務，以提高效率。

想要獲取短期的利潤比較簡單，但是要賺取持續而且龐大的利潤，沒有非凡的努力是無法達成的，正因為如此，能持續獲得高額收益的公司，是十分偉大的企業。

當業主持續享有這些企業的利潤，這便是真正的長期投資。業主透過長期投資來支持企業解決顧客和社會的問題，讓顧客得到快樂，社會也越來越美好。可以說，利己的動機和行為，帶來了利他的結果（「利己」是對自己有利；「利他」是對他人有利）。

這正是亞當・斯密在「道德感情論」中提倡的資本主義的根基，也就是**透過追求長**

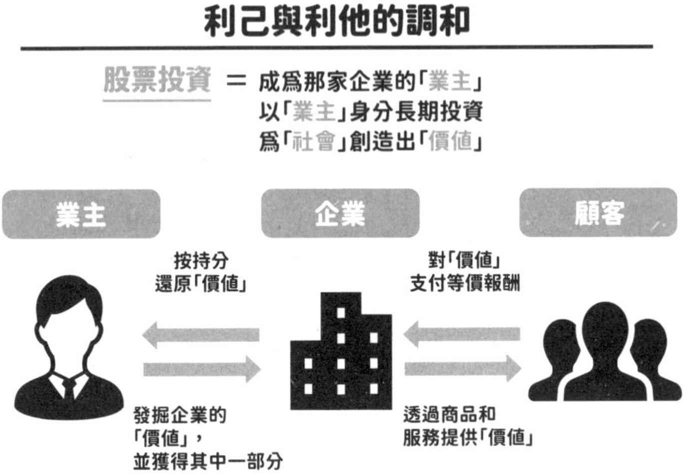

期利益，達到利己與利他的調和。

如果追求短期利益的話，利己主義便會墮落至一味追求自身的好處，無法期待對社會有正面的影響。因此，資本主義偶爾發生的問題大多起因於追求短期的利益。歷史中無數次經濟泡沫的形成與破滅，便是追求短期利益的典型案例。此外，經濟成長導致的環境破壞，也歸咎於資本主義發展過度。

「資本主義」被譽為近代最偉大的發明。我認為，只要正視資本主義帶來的經濟成長，並且努力修正，不要迷失它的本質，便能實現利己與利他的調和。在實際的企業分析中，我切實感受到，企業無休止的革新不但可以為股東帶來利益，也能為顧客和社會開創價值。調和利己與利他的故事是可以實現的，而重點就在於追求「長期」的利益。

利潤永遠是解決社會問題的報酬

耐吉的熱門商品中，有一款跑鞋叫做Vaporfly。我想田徑社的同學當中，應該有人穿過吧？聽說，世界上許多曾打破各項比賽中記錄的田徑選手，幾乎都是穿這款跑鞋。

Vaporfly是厚底鞋，而過去跑鞋的主流，一向是將鞋底做得很薄，因為前人認為輕量化才能減輕選手的疲勞。但是Vaporfly卻反其道而行，將鞋跟部位加厚，並且放入碳纖維墊片，產生更高的反彈與推進力，大幅減少運動員的體力消耗。

這雙跑鞋的誕生，來自於公司對「如何減輕運動員體力消耗」的問題意識。他們在研究開發上投入驚人的時間、經費，而且更重要的是，員工們犧牲自我只為了讓這個構想成形。他們努力的成果解決了運動員長年難解的問題，這也是利他的精神。

因為穿上Vaporfly的田徑選手紛紛打破記錄，於是一般人也穿起這款跑鞋，它的知

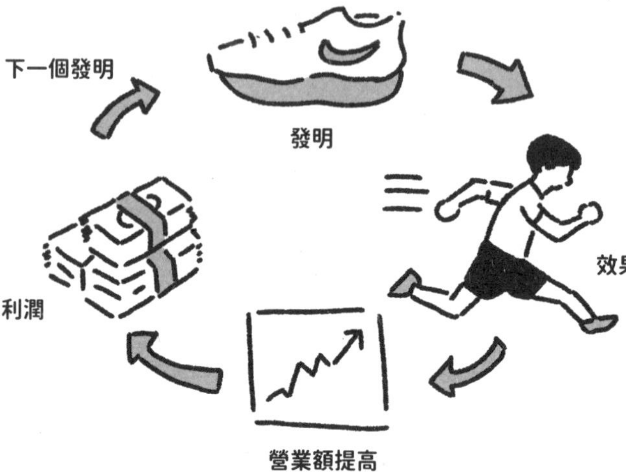

名度在消費者之間傳播開來，Vaporfly最終成為全球熱門商品。

商品的熱銷也帶動耐吉利潤的最大化。**耐吉為跑者帶來利益與幸福，自己也因此成功的得到利潤**。

日本廣島縣有一家名為FP CORPORATION的公司，聽到公司名字，也許各位都感到莫名其妙。不過，該公司所製造的，正是各位同學天天都會接觸到的某項商品。

他們生產的是什麼呢？各位平時在便利商店或超市購買的熟食或便當容器，就是這家公司製造的。在日本，這類容器大約有三成都來自這家公司。

最近海洋廢棄塑膠問題成為坊間的話

題。我相信不少人看過空寶特瓶、塑膠袋被海浪打上岸的影片，塑膠廢棄物已成為全世界的問題。日本為了減少塑膠垃圾，也開始推行購物袋收費。但是，其實日本的塑膠回收系統早就領先世界，而FP CORPORATION公司也肩負起回收塑膠製品的責任。日本的超市門口經常可見回收保麗龍托盤的箱子，從全國各地回收的托盤，會運送到FP CORPORATION的工廠，重新再生為新托盤。下次去日本超市時，不妨看看保麗龍容器的背面，如果印有FP CORPORATION的標誌，那就是他們以回收系統製作的再生容器。

創造這個回收系統的背後原因出自FP CORPORATION與求生的危機感間的奮戰。

雖然現在麥當勞大麥克漢堡使用的包裝是紙盒，不過從前都是放在發泡保麗龍容器裡的。但是，由於發泡保麗龍會破壞環境，美國麥當勞已經逐漸替換成紙製容器。FP CORPORATION的創業人小松安弘先生見狀，預期不久後日本也會採取相同的政策，便心想「如果繼續只做發泡保麗龍容器，公司一定會倒」。

話雖如此，但FP CORPORATION本來就是製造發泡保麗龍托盤的公司，無法突然轉行改製紙容器。因此小松前會長想到，既然製造紙製容器有困難，不如建立回收再生發泡保麗龍容器的回收系統，而這套回收系統後來也開始實際運作。

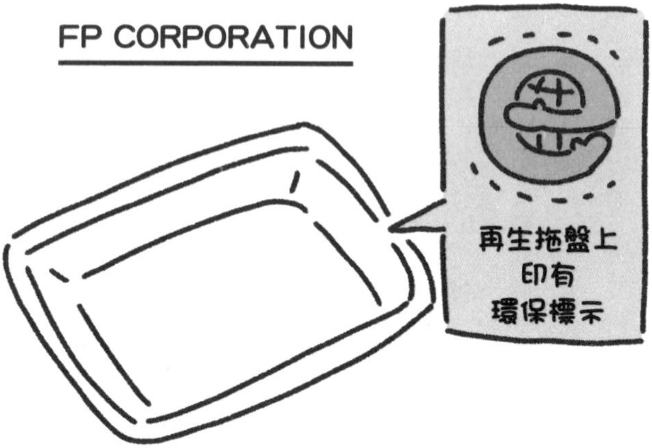

資源回收是友善地球、重視地球環境的行為，因此許多消費者會將FP CORPORATION與積極貢獻社會的企業形象畫上等號，不過其實它最原始的動機倒不是貢獻社會，而是擔心若不採取行動，公司就無法生存下去。**為公司的永續生存做出的行動，最後卻帶來有助於地球環境的結果**。

我們可以從這些例子發現，追求長期利潤，就能達到利己與利他的調和。

日本電產公司是製造馬達的公司，他們的馬達輕量、體積小，卻以效率極佳而聞名。馬達是輸入電力就能產生動力的裝置，但並非輸入一單位的能量就能得到一單位的動力。從輸入到輸出之間會產生各種流失，即使輸入一單位，實際輸出的動力只有〇・六到〇・七單

日本電產

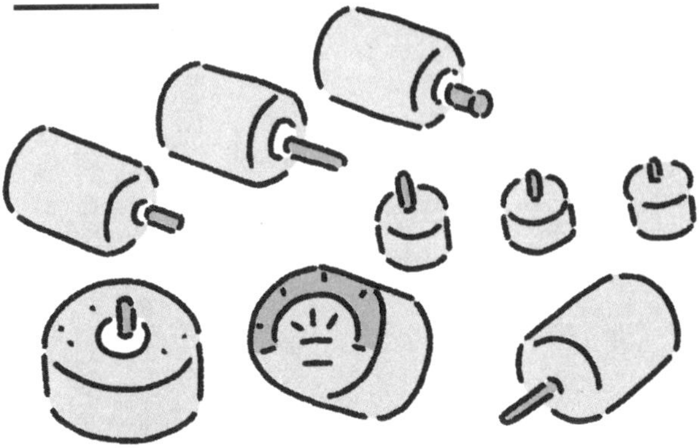

位。

日本電產的高效率馬達則盡可能減少這種流失。降低流失就不必使用這麼多電力，達到節約能源的效果。日本電產的永守會長表示：

「如果將世界上的馬達全都換成高效率馬達，就不需要（危險的）核能發電廠了。」

現實會不會如他所說，就看今後高效率馬達的普及程度了。無論如何，**日本電產如果能讓自己生產的高效率馬達更加普及，世界節能的步伐就可能大幅向前邁進**。

高效率馬達對日本電產來說是賺取營業額的重要商品，同時也對全世界民眾的共同難題——節省能源有所貢獻。

我想，永守會長大概不是因為抱有守護地球的善意才開始製造馬達。但是，為了讓日本電產公司成長而做出的努力，最後也連帶對社會有所貢獻。這正是利己與利他調和的最佳範例。

正因為這些傑出企業與經營者追求持續的利潤，我們才能有現在富足的生活。

我說過「資本主義就是用金錢衡量感謝的總量」。**利潤永遠是解決社會問題的回報**。正因為如此，追求利益的「利己」行為與向社會提供附加價值的「利他」行為才能調和。

這也正是資本主義的基本原理。

不同凡想Think Different

到這裡為止，大家是否都明白，在資本主義的架構下追求持續的利潤，不只對創造利潤的人有益，也能讓社會更加富足（為社會帶來附加價值）。那麼，要怎麼成為製造「感謝」的人呢？

最重要的是**改變思維，創造出新價值**。我們生活在一個「沒有正確答案的時代」，序章中也提到，世界在一九九〇年以後進入物質過剩的時代，如果要喚起消費者的需求，必須應付極為抽象且複雜的社會議題。

在沒有電視的時代，製造電視機肯定能賣得好，汽車也是同樣道理。如果賣得比較便宜更受歡迎。昔日的消費者需求很具體、容易掌握。但是，現代的電視機、汽車需求已經完全飽和，即使推出最新型的電視機，也未必能成為暢銷商品。

使用4K或8K新技術的高畫質電視陸續亮相，但是考慮到觀賞電視的功能層面，人們缺乏特地砸大錢買8K電視的必要性。

日本人對製造有強烈的堅持，所以，不知不覺都只專注在商品的功能層面。但是，想要**開發新點子，只能改變思考方式**。改變思維、不斷從錯誤中學習，革新就會誕生。

就以蘋果為例，它在一九九〇年代瀕臨破產危機，因此找回因態度傲慢而被逐出公司的史蒂芬．賈伯斯，為公司規畫改革方案。

賈伯斯著眼的並不是電腦的功能面，而是設計。過去的電腦，清一色都只提倡功能性，設計十分無趣，從沒有人想過要把電腦變時尚。

賈伯斯發想出多彩、設計具有未來感的iMac電腦，成為爆炸性的熱門商品，讓蘋果起死回生。據說，賈伯斯總是「Think different（不同凡想）」，也就是努力想些別人

想不到的事。「不同凡想」，是從思考今天與昨天、明天與今天的不同，以及思考自己與他人的不同等兩大主要軸心所構成。

各位也可以從明天開始輕鬆實踐「不同凡想」。舉例來說，今天上學時不走平常走的那條路而是改換條路線。比平常習慣下車的車站提早一站下車，到街上走走。這麼做不一定會有什麼新發現，但是如果不做出改變的話，百分之百不會有所發現。

另外，坐上電車，八〇％以上的人都在看手機，不妨採取跟「一般人」不同的行為，例如看看書、拿出筆記簿整理今天的行程。採取和他人不同的行動，不一定能看到不同的事物。不過**與他人一樣只會玩手機遊戲的話，也就只會想出與他人一樣的點子。**

人們經常反覆做著與昨天相同的事、與別人相同的事，因為大家懶得動腦思考。思考事物會對大腦造成負荷，說得坦白點，就是讓人不舒服。人類也是動物，避開不舒服的事是動物的本能。可是，這麼做就無法創造革新。革新是人類的特權。

跟各位說一個小故事，史蒂夫．賈伯斯曾經想爭取當時百事可樂的總經理約翰．史卡利來到自己創立的蘋果，繼任為經營者。他招攬史卡利時所說的話十分振奮人心：

「你想要就這樣一輩子賣糖水，還是想和我一起改變世界？」

賈伯斯用這句話說服約翰．史卡利跳槽，但是不久後，蘋果卻將賈伯斯掃地出門，這讓史卡利灰心至極。但是後來，賈伯斯再次回鍋業績不佳的蘋果，真正改變了世界。這是我最喜歡的小故事之一。

勇敢嘗試，別怕犯錯

再舉一個例子。我想各位都用過「Post-it」便利貼來讓書本、筆記的重要部分一目了然吧？

我想說的就是「Post-it」誕生的祕密。

美國企業3M的研究員亞特·佛萊本來是教堂聖詩隊的成員。一九七四年十二月，佛萊在聖詩集中的某一頁夾了書籤，準備在唱聖詩時用，然而書籤卻掉了出來。

那時，佛萊撿起落下的書籤，心想：

「如果有一種不會掉落的書籤就好了。」

這時，一個點子驀地閃現，那就是可以在書籤的一端塗上漿糊。但是漿糊的黏著力很強，撕掉書籤時，聖詩集的書頁也會跟著破掉。總之，關鍵就在於黏著力。必須使用貼得很牢固，但隨時可以撕下來的黏膠才行。

佛萊的腦海中有個靈感，那是在距離當時的五年前，在3M開發強力膠的史賓塞·錫爾瓦因為搞錯某個步驟，發明出一種不黏的膠水。佛萊想起這件事，第二天就開

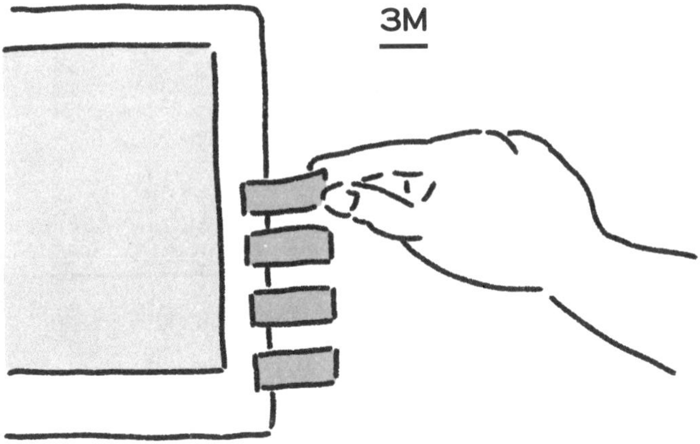

始推動Post-it商品化。

問題是，必須把多張一端塗上膠水的紙合為一束。佛萊於是開始在家中的地下室製造將紙合為一束的機器。機器完成後，便利貼的實驗品也製做出來了。佛萊把它帶到公司，問業務部主管：「你看，這個賣得掉嗎？」

業務部主管冷淡地說：「我看只能賣給聖詩班吧。」但是佛萊並沒有放棄，反而將成品分送到3M董事祕書室。有些人覺得這個東西說不定可以變成文具，用在很多地方，後來業務部主管也終於感興趣了。

不過，又出現了一個大問題。製造Post-it的機器必須送到3M總公司，但是佛萊是在自己家裡地下室組裝機器，無法將它搬運出來。

最後，他只好破壞家裡的牆壁將機器搬出，真可謂「突破圍牆」，有趣吧？

3M公司的每個研究領域都設有「技術論壇」，每年舉辦一千兩百場以上的發表會，共享各式各樣的技術。任何人都能自由使用論壇裡的資訊，也就是說，這個論壇累積了實現腦中各種點子的技術。

3M經由**組合這類資訊和技術，反覆測試修正**，推動許多革新。不只是Post-it，就連道路標誌能夠在晚上反射明亮的反光，也都是3M的功勞。紙膠帶是3M所發明，智慧型手機的液晶螢幕也充滿3M的技術，可以說「從手機液晶螢幕到車內裝潢，身邊3M以內一定有3M的產品」。

想要創新，不能只是累積資訊與知識。重點在於運用它展開「行動」的挑戰精神。3M的種種革新背後，就有著無數的嘗試與修正。

低失敗成本的時代

但是，一定有人會想「如果挑戰失敗怎麼辦？」為什麼會害怕失敗呢？

你是不是在想「創業、失敗，背上龐大債務好可怕」？這是很久以前的情節了。

日本昭和時代（一九二六年到一九八九年）創建的公司主要是製造業，因為當時社會缺乏物資。

在過去的日本，創立公司需要相當程度的資本。在那個時代，要開一家股份公司最少需要一千萬日圓（新台幣二五〇萬元）。而且，製造產品的公司不只需要辦公室，也需要工廠，還必須擁有工廠內的機器設備，因此需要高額的初期投資費用。

當然，投入那麼多資本，如果營業額不穩定的話，經營者就會背負沉重的債務而破產，甚至有人因此自殺。

但是，現代已經轉變為物質過剩的時代，基本上現在建立一家製造業公司沒有什麼意義，即使成立全新的製造公司，市場上大概也沒有那麼多需求。

趁年輕時努力挑戰吧！

那麼，不製造物品，要做什麼呢？在未來，創業的成敗取決於創意。就算想要製造產品，也不能只是單純的製造產品，而是必須為顧客創造附加價值。

像是最近流行的Uber Eats等外送產業，便是靠創意決勝的世界。這些公司在剛成立時不需要事先投入鉅額的成本，畢竟只要能找到並且媒合用手機選購商品的人與幫忙外送的人就可以了。

這個點子任何人都能模仿，所以市場競爭越趨激烈。但是只要一舉成功，就能擴展到全世界，既不需要購買機器，也不需要建立工廠。因此，即使事業沒有步上軌道、公司關門大吉，也不會背上沉重的債務。

總之，現代創業損害風險相當有限，相反地，賺錢的機會卻遍地都是。所以，不挑戰就吃虧了。

再說，這種生意即使人數不多也能經營，不需要大型組織。只要運用「群眾募資」的方法，就能向贊同這個點子的人們募集資金。在這個時代，**無所事事就相當於一味地**

退步。因為挑戰的成本降低，相對來說無所事事的成本就上升了。

另外再附帶提醒一點，包含自我投資在內，如果想要挑戰什麼事物，最好盡可能趁年輕時開始。以創意決勝的世界中，並沒有「經驗豐富的老鳥較有利」這種事。反倒是不受僵化觀念束縛的年輕人，才更能發揮力量。

chapter
07

成為韌性強大的人

能在未來存活下來的人與企業，具有同樣特質

我是投資家，我的工作就是尋找有潛力的企業，並且買下它們發行的股票。但是，用於投資的錢並不是我自己的資產，而是有許多人將他們寶貴的存款交給我，我則為了讓這些錢增值而投資。這些人資產的增減，全看身為投資家的我們選擇投資哪些企業時決策是否正確。

所以，我們隨時慎之又慎地尋找值得投資的企業。而且，我們投資的是「結構強韌」，承受得住十年、二十年，甚至是五十年變動的企業。**因為「韌性強的企業」不論經過多少時間都能持續增加價值，甚至可以說它們把時間當成夥伴，利用複利效果滾雪球搬般地提高理論價值**。這種企業的股價即使暫時下跌，如果從中長期來看還是踏實地持續上漲。

我們團隊是從二〇〇七年開始進行長期投資，從那時以來一直維持優秀的投資成果。我們的投資哲學是「只買不用出脫的好公司」，也就是一旦買入後，基本上就會一直持有。有時也會判斷錯誤而不得不賣出股票，但是，我們絕對不會像短期投資客，一天內反覆買進賣出。

我不斷尋找韌性強大的企業、持續投資，並且在過程中發現一件事。那就是**韌性強大的企業的特點，也可以放在人的身上**。

組織的時代已經結束，來到個人的時代。時代不只變化激烈，變化的速度也不斷加快。而未來的時代，ＡＩ將慢慢融入我們的生活中。到時，許多現在由人力完成的工作都會被ＡＩ取代。在如此激蕩的時代中，最需要的就是韌性強大的人才。

最後一章，我想跟你們談「如何成為韌性強大的人」。

AI時代的工作法

距今五年多前，在英國牛津大學進行ＡＩ研究的麥克．Ａ．奧斯本助理教授（現為教授）與卡爾．Ｂ．弗瑞博士撰寫的論文《就業的未來》引起熱烈討論。

為什麼這篇論文會成為熱門話題？因為書中寫到，今後的十到二十年之間，**美國總受雇員工中約四七％的工作可能都可以透過電腦達成自動化**。因為這本書談到的主題很多，我摘錄其中的幾個要點：

可能被ＡＩ取代的工作有銀行的融資人員、運動裁判、房地產仲介、電話接線生、薪酬福利專員、收銀員、遊樂設施服務員、收費員、推銷員……

以收銀員為例，日本已有部分便利商店採用自動結帳機制，美國亞馬遜也開設沒有收銀台的無人超市「Amazon Go」。

其他例如電話接線生、薪酬福利專員、遊樂設施服務員、收費員、推銷員等工作，目前已經有一大部分被電腦取代了。

消失的工作

隨著ＡＩ世界擴大，人類的工作不斷被搶走。單純且重複作業的工作、ＡＩ做得比人類更快的工作，都會慢慢轉交給ＡＩ處理。

不過，身為年輕人的你們完全不必害怕。確實有很多工作會被ＡＩ取代，但是**相對地，也可能會出現新的工作**。

例如會寫電腦程式的人就炙手可熱，會操縱無人機的人應該也很搶手。此外，ＡＩ會運用龐大的數據資料，所以數據分析專家、將ＡＩ引進職場協助人們工作的職業，以及ＡＩ的開發等工作，都會隨著ＡＩ時代的來臨而出現。

此外，不論ＡＩ進步到什麼程度，還是有無法輕易被取代的工作，這也是奧斯本助理教授與弗瑞博士在論文中寫到的，像是休閒治療師*、技工或修理工、心理健康或藥癮者支持等相關工作、職能治療師、社會工作者、營養師、銷售工程師、警察、心理學家等，都和現在一樣需要由人類來擔任。音樂家、藝術家等職業大概也無法被ＡＩ取代。

技術革新的同時，勞動人口也在改變

解讀歷史的洪流，會發現過去也有很多因為某種技術的發明而消失的工作，或者不再需要大量勞力就能解決的工作。

例如農業就是典型的例子。農業屬於**第一級產業**，從前全都是靠雙手完成。但是在人類發明各種農機具後，機械化越來越發達，在一九〇〇年代初期占美國人口七〇%的農業人口，現在只剩下二%，現代只需要如此少量的人力就可以完成農事。

本來占總人口七〇%的農業人口只剩下二%，這個結構轉換非常驚人，不禁令人好奇，其他六八％的農業人口到哪裡去了呢？其實過剩的農業人口後來變成工廠工人，從事製造汽車、各種電器或是農機具的工作。這些無法繼續務農的人，都被**第二級產業**所吸收。

大量的農業人口化身為工廠的勞動力，但是接下來，工廠又面臨自動化的浪潮。工業剛問世時並沒有機器人，工廠內大部分工作基本上都是手工作業。後來，工廠中可以由機器人勝任的工作漸漸增加，如今在一些工廠裡，幾乎所有作業都是由機器人執行。如此一來，工廠就不再需要像從前一樣多的勞工，於是開始出現多餘的工人。這些人後來轉移到**第三級產業**，例如餐飲、休閒、運輸、通訊、商業、金融、美容美髮業等等。

在機械化發展的過程中，產業結構產生變化而造成人的工作方式跟著改變，這個現象也發生在日本。現在日本的第一級產業人口（農業等）占總人口不到四％，第二級產業人口（工業等）約占二四％，第三級產業人口（服務業等）增加到約七二％。日本一

---

* 休閒治療（英語：Recreation Therapy）指的是透過為個人評估與規劃休閒活動，幫助個案增進與重建日常行為能力以及身心健康的治療方式。

日本的產業結構變化

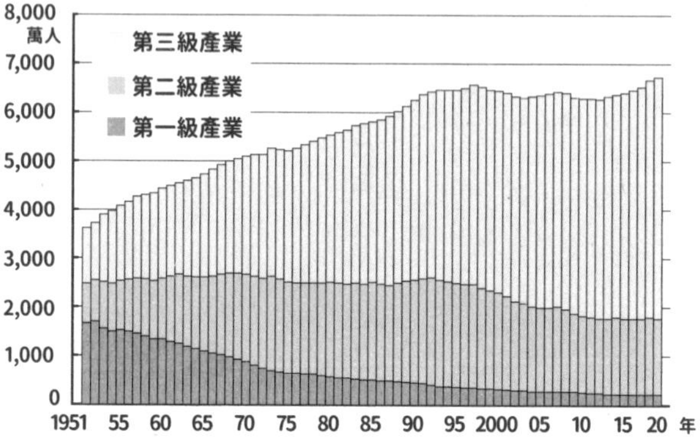

出處：日本總務省「勞動力調查」

般給人「製造業之國」的印象，但這其實是一大誤解，日本的服務業人口才是占絕大多數。很多人擔心今後因為ＡＩ普及而「沒了工作」，眾人為之譁然，不過，我認為完全沒有必要大驚小怪。

因為在悠久的歷史中，**劃時代技術改變人類工作方式的事，已經不是第一次出現了。**

人類在遊戲上早已贏不了AI

ＡＩ可以用驚人的速度確認過去所有數據並從中找出最佳解答，具有人類難以匹敵的能力。

大約在四年前，東京大學醫科學研究所發表一項研究成果。他們利用美國ＩＢＭ公司所開發的人工智慧系統「華生（Watson）」，在十分鐘內辨識出特殊白血病患者的病名，挽救了病患的生命。東京大學醫科學研究所使用的華生，研讀過兩千萬份以上有關癌症的醫學論文，相較於人類必須花費大量時間將醫學論文一一過目後再診斷病名，華生則以突出的速度完成這個任務。

一九九七年，美國ＩＢＭ公司開發的超級電腦「深藍（Deep Blue）」在西洋棋對弈中擊敗當時的西洋棋世界冠軍加里．卡斯帕洛夫。據說「深藍」一秒就能預測兩億步棋，它以對手卡斯帕洛夫過去的棋譜為根據，用算式找出走哪一步棋更有優勢，並將所有可行的走法全部計算出來。

Google旗下的深度思考公司（DeepMind）在二〇一四年開始開發的圍棋程式「AIpha Go」，在二〇一六年戰勝專業棋士。據說圍棋是電腦最難贏過人類的遊戲，因為圍棋的變化遠多過西洋棋，要讀完過去所有棋譜後算出解答極為困難。

人工智慧在這方面的能力真的非常了不起。在西洋棋局中，超級電腦只花費四個小時就讀完過去數百年的所有棋譜，走出最好的一步，人類根本難以匹敵。

但是，**電腦具有優勢的領域是規則清楚、有明確答案的世界**。

舉例來說，讓電腦判斷從A地點到B地點要走哪條路才能最快到達，並且使用自動駕駛送我們到現場，是AI最擅長的技能。所以，如果未來自動駕駛和AI的性能更加進步，就不需要計程車司機了。

但是，AI恐怕無法適應沒有答案的世界。AI只會收集數據，連定義出「問題是什麼」都做不到。

AI無法按照自己的意志思考，說到底也只是一個工具罷了。

別作華生，要成爲福爾摩斯

各位知道《福爾摩斯探案》吧？這是柯南・道爾所創作、世界最受推崇的推理小說之一。

其中一位故事主角華生第一次走進貝克街２２１Ｂ號公寓時，福爾摩斯雖然與他素未謀面，卻立刻說：「你剛剛從阿富汗從軍回來吧？」讓華生大吃一驚。他從未提到自己的經歷，為什麼福爾摩斯會知道呢？華生完全想不透。

福爾摩斯見華生一臉驚訝，於是告訴他：

「你確實看了，但卻沒有觀察。」

「觀察」，是指抱著某個假設去檢視事物。只是單純地看見事實，不能算是觀察。

福爾摩斯是這樣推理出華生是從阿富汗從軍歸來的：

「這個人的工作明明跟醫療有關，卻給人軍人的印象，顯然是軍醫吧。他剛剛從熱帶地區回來，因為他的臉膚色黝黑，但手腕卻很白，這表示黑皮膚並不是他原有的膚色。他疲憊的臉龐明顯說明了他正在忍受苦難與病痛。他的左手受傷，因此動作僵硬，以不自然的方式握手。世界上哪裡的熱帶會讓英國軍醫面對如此悽慘的苦難，又讓他的手臂受傷呢？答案明顯是阿富汗。」

可以知道福爾摩斯在猜出華生從阿富汗回來之前，建立了各種假設，並且反複地驗證，這才是真正的觀察。但是華生卻做不到這一點。

在沒有正確答案的世界中，ＡＩ就好比華生，只能看到眼前的事實。

這裡所說的華生，並不是ＩＢＭ的超級電腦華生，而是《福爾摩斯探案》裡的華生。雖然解釋起來有點複雜，不過我想提醒大家，在充斥著ＡＩ的世界裡應該採取的工作方式就是「別作華生，要成為福爾摩斯」。

駕馭想像力、建立各種假說，並且驗證這些假說是否正確，再捨棄你認為「這應該不對」的假說，這就是推理。

目前的ＡＩ會從曾經閱讀過的大量數據中，選擇最適合問題的答案，因此大概有相當程度的機率能給出「最有可能」的答案。

但是在現實世界中，人類行動時所需要的並不是「正確答案」。如果世事都像西洋棋或圍棋一樣，「贏就是絕對的正確答案」，那麼ＡＩ確實比人類優秀。但是在現實中，有時候不徹底擊垮對手，長期來說對局面比較有利。**正確答案未必能解決問題**。

也就是說，現實世界裡根本不存在「正確答案」。我明白那種覺得讓ＡＩ來找出正確答案更讓人放心的心情。但是，那只能讓人放心而已，將ＡＩ的決定奉為規臬並不能解決任何問題。

ＡＩ的進步日新月異，但是絕不可以過度信賴它。不妨以「世界本來就沒有正確答案」為前提，將ＡＩ當作單純的工具善加利用，會比較好。

韌性強的企業具有什麼條件？

談到ＡＩ，話題稍微扯遠了，接下來才是正題。

我說過，身為投資家，我投資的都是「結構強韌的企業」因為，我們不能採用賭博一般的投資方式，這會讓許多顧客重要的資金曝露在危險中。

經濟本就有起起落落，例如美國的經濟就曾經遭遇過一九八七年的黑色星期一、二〇〇〇年的網際網路泡沫危機、二〇〇八年的雷曼兄弟事件，以及二〇二〇年新冠肺炎衝擊等多次伴隨股價暴跌的經濟危機。

韌性強大的企業

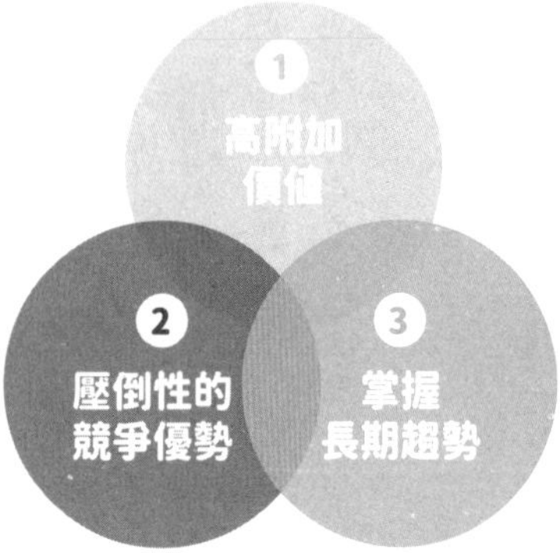

1 高附加價值
透過提供商品或服務來解決各種各樣的問題，藉此達到高收益的產業。

2 壓倒性的競爭優勢
透過先進技術或獨特的服務，發展其他公司難以模仿的商業模式。

3 掌握長期趨勢
可望隨著高齡化、環境問題等社會變化而擴大市場。

但是，**不論經濟多麼低迷，韌性強的企業反而會將其化為機會，繼續穩健地成長**。孱弱的企業會在重大經濟衝擊中受到淘汰，而等到經濟恢復正常時，韌性強的企業則會變得更加強壯。

正因為如此，也許一時的經濟衝擊會導致公司股價大跌，但是並不會對公司的企業價值造成改變，所以總有一天，當企業價值重新受到評估時，股價也會再次上升，創造新高峰。

成為結構強韌的企業，必須滿足三個條件，分別是「高附加價值」、「壓倒性的競爭優勢」、「掌握長期趨勢」。

(1)「高附加價值」：發現問題、解決問題

關於附加價值，前面已提過許多次，也就是商品與服務「是否真正有利於社會」的意思。社會的需求越高，商品和服務的附加價值就越大。

但是一九九〇年後的世界進入物質過剩的時代，要判斷人們是不是真的需要這些物質，就變得越來越困難。

在物質不足的年代，需求很單純。人們想要汽車，想要電視機、想要冰箱，只要配合民眾的物欲開發出商品並且陳列在店裡，自然就能賣得出去。

但是，當大家擁有的物質數量來到某個程度，世界來到**物質過剩的時代，大家對物質本身的需求漸漸消失了**，所以尋找問題解方的重要性逐漸升高。

以洗衣粉為例來思考一下。假如你在洗衣粉製造商上班，而你的工作就是拚命把洗衣粉賣給顧客。

有一天，你突然想到：「為什麼顧客想要洗衣粉呢？」

於是，經過再三思索，你得出結果：「顧客並不是想要洗衣粉，而是想要把衣服上的污垢洗掉」。因此，你開發出不用洗衣粉，只靠清水就能把衣服洗乾淨的洗衣機。新

顧客追求的是什麼？

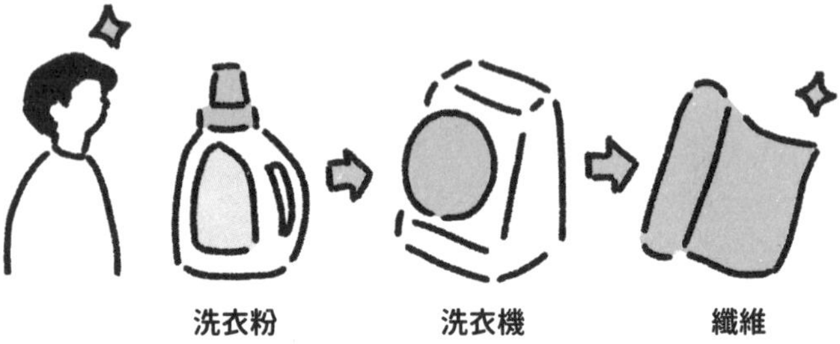

的洗衣機熱賣，而你的公司也不再是洗衣粉製造商。

然而，你不因商品熱銷而滿足，又回到原點思考：「為什麼顧客想要洗衣機呢？」

於是，你再次推論出結果：「顧客只是想要保持服裝的清潔，並不是真的想要洗衣機」。因此，接下來你開發出用不會沾染髒污的纖維製成的服裝，新纖維大受歡迎。於是，你的公司既不再是洗衣粉製造商，也不再是洗衣機製造商，轉而成為纖維製造商。

簡言之，重要的不是「公司做了什麼」，而是「公司解決了什麼問題」。精良的技術並不是重點。我最喜愛的企業家本田宗一郎，在一九四六年創建本田技術研究所（今本田技研工業），關於這間研究所，他留下這段名言：

「研究所是研究人和顧客、了解顧客心中的價值是什麼的地方。然後，我們才可以用技術為顧客解決問題。」

在洗衣粉的案例中，如果不能跳脫自家擁有的技術，徹底思索需求的本質——「顧客真正想要解決的問題是什麼」，就無法發現顧客真正的需求。因為，大多數的顧客其實並不了解自己真正想解決的問題是什麼。

如果問顧客：「請問您的需求是什麼？」對方只會回答：「我想買便宜、能去污的洗衣粉」，而不是說出真正的需求：「我希望衣服一直保持乾淨」。

據說，在思考顧客需求的本質時，最好重複問自己四次「為什麼」：「為什麼顧客要買洗衣粉？」、「為什麼顧客要買洗衣機？」、「為什麼……」、「為什麼……」。不知道為何要問「四次」，但是，如果要思考問題的本質，就必須重複地提問。

耐吉Vaporfly跑鞋的故事，也是同樣的道理。從前，馬拉松選手想要的運動鞋都是鞋底輕薄的款式。但是，如果著眼於長距離跑者真正想要的跑鞋功能來思考，答案應該是「能保留體力的鞋款」。而為了保留體力，最好提高鞋子的反彈力。於是，Vaporfly這款厚底跑鞋便誕生了。

所謂的**「提供附加價值」，就是發現顧客的問題，並提供解決辦法。這也是所有企業與商業模式最重要的使命。**

②「壓倒性的競爭優勢」：強大到難以超越的實力

其次是「壓倒性的競爭優勢」。以耐吉的例子來說，我想大家會想買耐吉的產品，其中一個原因就是因為你們崇拜的選手也都使用這些產品。像是足球選手克里斯蒂亞諾．羅納度、網球選手大坂直美等等。

耐吉與選手簽約，提供他們自家公司的產品，這稱為「代言」。例如大坂直美穿戴的帽子和網球鞋，只要出現耐吉的商標，就能產生驚人的廣告效果。耐吉在代言和其他行銷活動上，每年投入超過三十億美元（新台幣九百億元）以上的預算。

然而，能夠投入這麼高額行銷預算的公司，全世界只有耐吉和德國的愛迪達而已。二〇二一年度，彪馬（PUMA）的營收約為六十八億歐元（約新台幣二一三四億元），亞瑟士（ASICS）則是約四千億日圓（約新台幣一千億元），完全難以項背。

壓倒性的競爭優勢，也可以替換成「**進入門檻**」這個詞。例如，現在幾乎沒有飲料廠商敢推出其他可樂來對抗可口可樂公司，雖然有時會出現類似可樂的飲料，但是它們都無法動搖可口可樂的地位。這是因為可口可樂流通全世界，不論到哪個地方都能買到，此外，在可口可樂的品牌行銷戰略之下，現在只要說到可樂，任誰都只會連想到

「可口可樂」，它的地位可以說就是這兩點的功勞。

迪士尼也是同樣的例子。在現代，恐怕沒有一個企業有勇氣魯莽地挑戰米奇、創造新的動物角色，並以它為中心開發各式各樣的商品，企圖掀起世界流行。

當企業具有壓倒性的競爭優勢，足以讓對手產生「**不想再跟那家公司競爭**」的念頭，就是形成了「進入門檻」。企業經營者的任務，不外乎就是為了創造進入門檻，而規畫策略並且付諸實行，如果這麼說也不為過。

③「掌握長期趨勢」：運用不可逆轉的潮流

「長期趨勢」，是時間長遠而且不會復原、**一旦往某個方向前進，便不會輕易逆轉的現象**。

舉例來說，自人類誕生在世界上以來，很多人都渴望「長壽」、都想要長命百歲。但是，恐怕沒有人想要在生病而長年臥床的狀況下得到長壽吧？大家都想要健康地享受長壽，所以很多人為了維持健康而養成跑步的習慣。

如今，日本人口減少已經是很難改變的長期趨勢。但是，世界人口卻是在不斷增加

穩健企業的持續性企業價值創造力

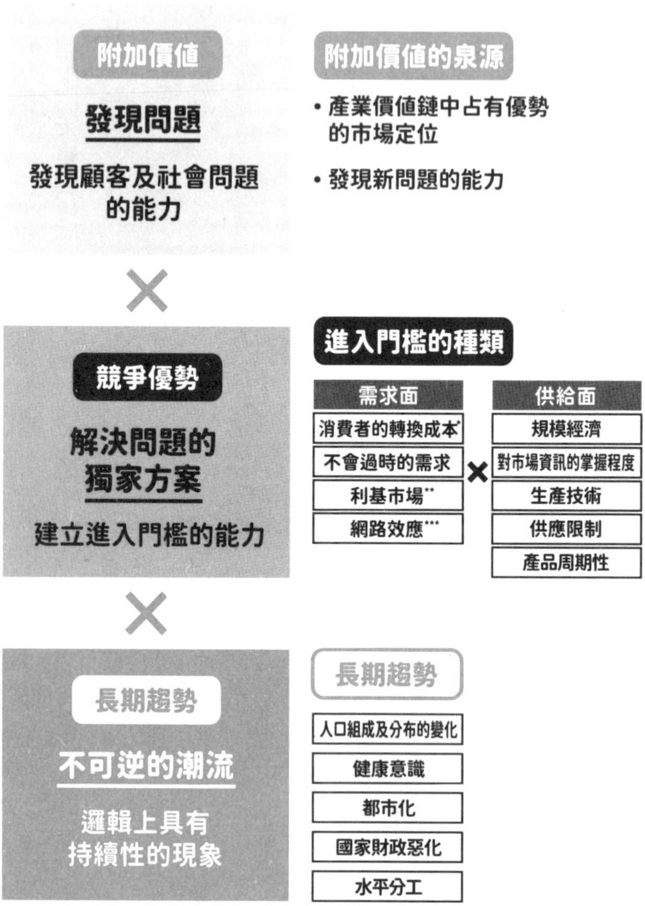

* 轉換成本（switching costs）：指捨棄一項產品或服務，轉而選擇其他產品或服務所產生的成本。例如iPhone的用戶如果要改用其他廠牌的手機，便需要經過比較繁複的轉換資料過程，這就是轉換成本。

** 利基市場（niche market）：指在一個有極大發展潛力的市場當中，規模相對較小，但自己的產品或服務占有優勢的切入點。

*** 網路效應（network effect）：指產品或服務的使用人數越多時，越有價值，例如手機、網路、電腦作業系統等等。

當中。總有一天，當新興國家的經濟水準上升時，也會躋身先進國家的行列吧。

到了那時，新興國家人民會跟現在的先進國家一樣，健康意識不斷提高，也會有越來越多人為了健康而跑步。可以想見，全世界跑步人數的增加將會成為長期趨勢，所以屢屢被我舉為範例的耐吉跑鞋也會持續熱賣。

這些跟人類本質有關的需求，或人口分布跟變化，以及某種程度上已不會再改變的統計趨勢，我稱之為「長期趨勢」。即使發生大地震，或是新冠疫情蔓延，長期趨勢也不會因此逆轉。

韌性強的人具有什麼條件？

今後，各位將在許多工作都被ＡＩ取代的時代中展開職涯，而社會的變化既快速又激烈，如果不勇於挑戰，就會不斷退步。

如同韌性強的企業不論在什麼時代、什麼環境下都能安然度過，為了在社會上生存，**人也必須培養出強韌的結構**。

韌性強的人是什麼樣子？其實，他們擁有的特質與強韌的企業大致相同。

①對他人有所貢獻（提供附加價值）

首先，**持續為他人提供附加價值的人**，才能在任何時代都受到大家需要。出社會後，對他人有沒有貢獻就變得十分重要。反過來說，只考慮自己的人，既不會受到他人需要，也無法與別人合力達成什麼成就。而且最重要的是，這樣的生活態度非常無趣。

如果你能為其他人提供附加價值，不論是錢、信任、地位等各種價值，這些付出最後都會像迴力鏢一樣，回到你的身邊。

要成為韌性強的人，首先最重要的就是擁有希望對別人有所貢獻、為人提供附加價值的心態。

成爲「韌性強大的人」吧！

「韌性強大的企業®」所具備的條件

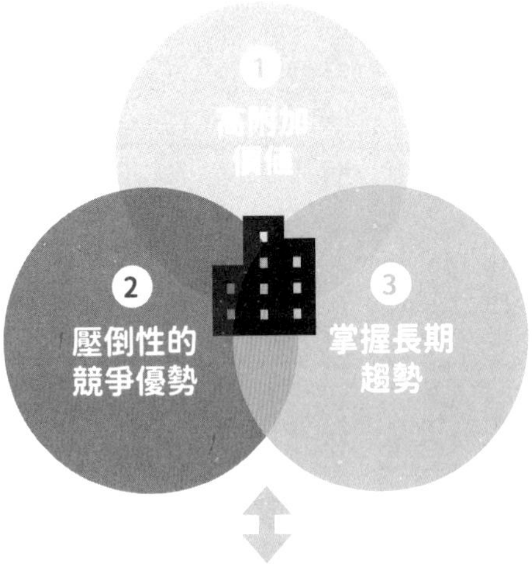

「結構強韌的人」所具備的條件

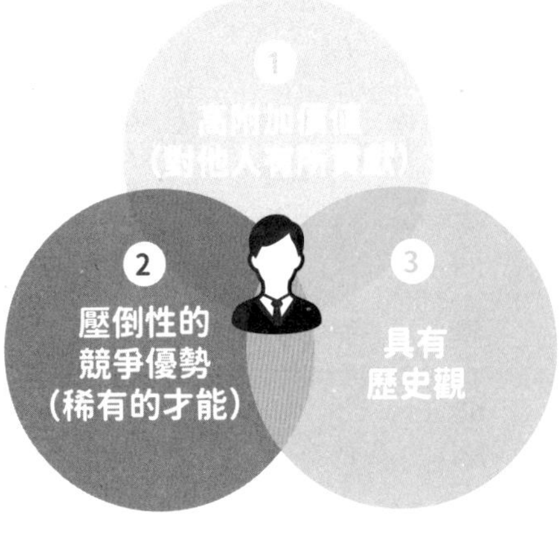

②打穩基礎、持續發展自己的專業（創造競爭優勢）

如果想要擁有「壓倒性的競爭優勢」，首先必須**提升基礎能力**。現在你們為了通過考試才勉強應付的數學、英語、歷史、生物等基礎科目，都好比手腳上的肌肉般重要。在未來，不論從事哪個行業都會用到這些知識，更可以將知識互相結合，靈活地應用。在你們這個年紀，不用額外花錢就能學到這麼多知識，實在太划算了。這是我出社會後才體會到的事。

此外，想要從商的人，還需要另外學會三種語言：會計、統計、程式語言。這些「語言」最好在大學時學會，最晚也要在出社會後的十年內學會。如果不懂這些語言，很可能無法理解客戶的公司狀況，在介紹自己的產業及公司時也有會困難。

構築自己職涯的過程，就是一邊累積這些基礎，一邊將自己的志向、擅長的跟不拿手的事物互相結合。不過，我建議大家最好同時擁有「雙重專業」的意識。

例如，醫生想要提高手術的能力直到「無人可及」的境界，難度非常高。在醫生的世界中，人上有人，想要站上頂峰極為困難。「神之手」並不是想當就當得了的。因此，各位不如成為擁有「雙重專業」的人才。

各種技能組合下的職涯發展

（例）如果做直線型的選擇，就只能朝向單一專業發展。

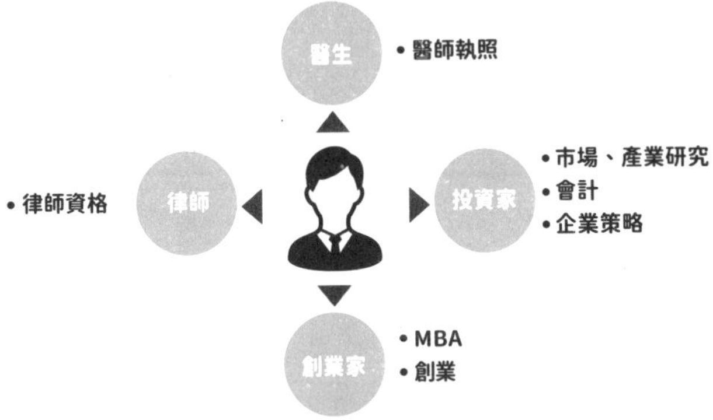

☑ **以各別的立場「解決」問題**

多元技能下的多元職涯發展

☑ **從各種角度主動「發現」、「全方位解決」顧客問題。**

☑ **「構思」並「改變」世界** ▶ **建構最強的職涯**

舉例來說，可以同時取得醫師執照和會計師執照。這當然很困難，不過應該比在醫界成為「神之手」還更簡單。

會計師可以看懂代表企業營運狀況的數字，如果同時擁有醫師執照、熟悉醫療領域，這樣的人就能成為「熟稔企業會計的醫師」，可說是打著燈籠也找不到的人才。

或者，如果同時持有律師執照和醫師執照，大概可以成為在醫療訴訟中發揮強項的律師而聲名大噪。

各位在規劃自己的職涯時，如果能朝著「該怎麼成為雙重專業人士」的方向思考，應該會非常有幫助。假如你可以在醫生的世界成為前十分之一優秀的人，同時在投資家的領域也排行前十分之一的話，十分之一乘以十分之一，你就是所有人之中前一百分之一的頂尖人才了。

也許會有人說：「擁有雙重專業太困難了」。不過大家不用擔心，你們也可以跟擁有不同專業的人**組成團隊**，有效率地為社會提供價值。

請別誤會，組成團隊的目的並不是依賴其他人優秀的才能。重要的是，你自己也必須貢獻團體中無法取代的才能，發揮一加一大於二的加乘效果。以你自己熟悉的專業，與其他各式各樣的才能組合成真正強大的團隊，就能發揮最大的競爭優勢。

與其他人才組成團隊時，重要的除了自己擁有能力，還必須抱持前面提到「為他人貢獻價值」的心態。擁有這種價值觀的人，通常會奇妙地互相吸引，進而一起完成重大的工作。

而澈底掌握底這個思考方式，就能創造出理想的公司。

③擁有歷史觀

結構強韌的人應該具備的第三項條件，與企業「掌握長期趨勢」有些不同，是**擁有歷史觀**。

高中上歷史課時，恐怕有不少人都想問「像傻瓜一樣死背哪一年發生過什麼事，未來真的有用嗎？」其實，我讀高中時也曾這麼想過。

但是，我現在的想法卻不同了。理解從第一級產業到第二級、第三級產業的變遷過程的人，就不會因為「工作要被ＡＩ搶走了，糟糕！」而驚慌，因為他們明白，這種現象早在過去的歷史中就已發生過許多次，只不過自己所處的時代剛好再次發生同樣的轉變罷了。既然如此，只要成為可以提供附加價值的人才，就能順利度過這個關卡，懷抱自信向未來前進。

現在新冠肺炎席捲世界，疫情不斷擴大，一些人因為疫情而惶惶不安，因為他們不了解過去流行病的歷史，每天只聽從浮濫的談話節目裡名嘴們的意見。如果擁有歷史觀、有自己定見的人，應該能更加冷靜地看待疫情。

小蝦米也能戰勝大鯨魚！

我在看到學生想從事的職業排行榜時，體會到產業劇烈的盛衰變化。

世界大戰剛結束時，煤礦公司是非常熱門的企業，但是當石油一出現，煤礦業便瞬間成為夕陽產業，而纖維公司和石油化學公司則隨著石油產業趨於熱門，接下來是汽車業、金融業……時代不斷地變遷。

很多學生在選擇就職的公司時，都會以「哪家公司的收入穩定，可以一直工作到退休？」為條件來選擇，因此經常受到看起來光鮮亮麗的公司所吸引，最後選擇進入知名企業就職。然而，**一味追求安定，反而會走上起伏不定的人生**。

舉例來說，假設有個人在一九八〇年初期進入「日本軟體銀行」這個小規模的新興企業（今軟銀集團，SoftBank），現在會是如何？當時，日本軟體銀行只是個出版電腦相關雜誌的小公司，現在卻成長為市值超過八兆日圓（約新台幣二兆元）的企業。

我有位在大金工業擔任文書職務的朋友。大金工業現在是世界代表性的空調廠商，而他在這家公司工作了三十年以上，成為一名億萬富翁。這是因為，他從一進公司開始就加入員工持股會、購入大金工業的股票，並且長期持有。

看著這四十多年的產業興衰史，可以發現，支撐起戰後高度經濟成長的大型傳統企業沒落的同時，三十年前誰也不會多看一眼的企業，卻以驚人的氣勢快速成長，真可謂「小蝦米戰勝大鯨魚」。

這種現象未來也許還會繼續加劇。AI的普及將會造成許多工作消失，時代的變化大概也會越來越快速和激烈。

要把這種現象定調成「這麼不穩定的環境，我不喜歡……」又或是「好吧！我就露兩手給大家看看！」全憑個人自由。但是如果冷靜下來想一想，對年輕的你們來說，不安定的時代是絕對有利的。

就像我在序章所說的，「組織的時代」已經結束，進入「個人的時代」。人人憑藉創意一決勝負，創業的成本不斷降低，不只風險有限，機會也越來越多。

所以，拿出勇氣挑戰以小搏大吧！**經過多番嘗試和修正，你們將會獲得成長**。

富有的盡頭是什麼

我已經可以預見讀完本書的各位，成為「韌性強大的人才」，在社會上發光發熱的模樣。

我看到你們主動思考該怎麼讓眼前的顧客滿意；我看到你們為了滿足顧客，活用網路、與同事一起努力奮戰，開發出全新的服務；我看到你們一邊思索著如何解決全球環境問題，一邊致力開發電動馬達的模樣。我也看到你們在工作結束後，還獨自孜孜不倦地用功學習，為了解決問題而磨練新能力的身影。

這種生活方式絕對不輕鬆，但是這才是「投資」的真諦。

如此堅持與努力的你們，生活中一定會有許多「感謝」隨之而來。你們的身邊一定會圍繞著抱有相同理念的傑出同事，你們會專注於幫助別人，感受到「雖然辛苦但很快樂」，甚至忘了時間的流逝。有時遭人誤解，也經常累到想吐，但是，因為你們選擇了符合價值觀的工作，因此總能一一克服困難、突破關卡。

到了某天，你們會驀然發現，**自己已經成為有錢人了**。

而且，**你們會過得非常幸福**。

我向你們保證，這就是「富有」。

而你們的財富，將會由下一個製造「感謝」的世代，也就是你們的孩子繼承。

有的人認為，做好事而得到的錢與做壞事而獲得的錢，只要面額相同，就具有同樣價值，但是我並不認同。你們抱著決心所收集而來的「感謝」，與心存信念託付給下一代的「感謝」，都會不斷傳承下去。請你們塑造出充滿「感謝」的社會。

結語

我的課就上到這裡。各位，你們已經明白要怎麼變成有錢人了嗎？還是不知道該做什麼、該怎麼做嗎？

這樣可不行。請你把這本書重新讀一次，重點是必須自己在腦中重新思考。該怎麼做全憑你的選擇，這是你的人生，不是別人的。照著別人的話去做，是不可能成功的。

值得以人生為賭注的事物，應該是你最拿手的才能，或者，它就在你最喜歡的事物周圍。你必須靠自己找到它，為它奮力一搏，這樣最後一定能有所收獲。

明白這個道理的人，請立刻付諸行動。不要等到明天，從今天就開始。只知道該前進的方向卻不起身行動，不會有任何改變。

你可以竭盡所能地學習一向不拿手的數學，也可以試著與住在附近的外國人當朋友練習英文。首先，最重要的就是「改變行動」。

此外，對社會有所理解後，「投資」也會對你非常有幫助。我強烈建議各位，盡可能早點開始投資。因為「時間」會成為投資強而有力的武器。你們擁有我所沒有的「時間」，請有效地利用。

也許你會覺得，開始投資前還需要「本金」。的確，如果要購買股票的話，至少需要幾萬元。不過，如果選擇投資基金，只要五百元就可以開始。在這個時代，用手機就能輕鬆投資，一旦開始投資，你對世界的看法也會改變。「投資」就是走向「勞工二‧〇」的第一步。

另外，當你成為有錢人時，我希望你記住這個詞：

Noblesse Oblige（貴族義務）

這個詞的意思是「貴族階級有義務承擔責任」。光這麼解釋，還是很難理解吧？簡而言之，這句話就是「富人應付起社會責任」。並不是有了財富，就可以為所欲為。正因為家財萬貫，更要成為社會的典範，盡力讓社會變得更好。

華倫‧巴菲特在美國內布拉斯加大學演講時說過一段話，也是我最喜愛的小故事之一。巴菲特將他當時超過新台幣二兆元個人資產的絕大部分都捐贈給慈善團體，學生問他「為什麼不留給自己的孩子？」巴菲特答道：

「只因為他是自己的孩子就讓他坐享其成，Un-American（不是美國人的作風）。」

我稍微解釋一下。美國是世界經濟排名第一的資本主義國家，經濟狀況自戰後以來不斷蓬勃發展。機器人、網際網路等，許多新事物都在美國誕生、茁壯，然後擴展到全世界。在美國，開創這類企業的創業家全都成為舉世無雙的大富豪。

美國不愧是孕育「美國夢」的國家，挑戰者在這個國家都能得到回報。

巴菲特因為投資了美國的挑戰精神而成為大富豪。他大概是認為，就算是自己的孩子，如果「不用挑戰就能成為有錢人」，就是從根本上「否定美國的挑戰精神」。

說句題外話，巴菲特捐款的慈善團體，也包括比爾及梅琳達・蓋茲基金會。這個基金會由微軟的共同創辦人、前世界首富比爾・蓋茲所設立，目標是解決開發中國家教育問題和氣候變遷問題。基金會為了找出對抗新冠肺炎的方法，已捐出三億美元（約新台幣九十五億元以上）的捐款。

聽完這個故事，如果覺得「那些錢實在是太可惜了」，表示你離有錢人的思維還差得遠呢。

我認為，他們「很了不起」。巴菲特和比爾・蓋茲都將金錢用於創造自己堅信的美好未來。

本書中提過很多次，「價格與價值」是兩種截然不同的東西。擁有再多金錢（價格）也沒有意義，它的用途（價值）才重要。巴菲特從心底相信「挑戰才能使世界更美好」，並且將這筆帶有信念的金錢捐給比爾及梅琳達．蓋茲基金會，而這筆捐款又投入具有蓋茲信念的新冠肺炎研究。為了解決各式各樣的社會問題，注入信念的金錢因而流向世界各地。

正是這些「帶有信念的金錢」，讓世界變得更加美好。

而最終，這一點也是前面不斷提到的，獲得最多來自世界的「感謝」的人，將會成為有錢人。

在這本書的最後，我想拜託你們一件事。

本書中寫道，資本主義是可以調和利己與利他的偉大發明。但是，資本主義也有個致命的缺點。因為資本家相對於勞工占有絕對的優勢，因此資本主義也造成貧富差距日益擴大。

這種狀態的資本主義並不健全。

所以，我希望你們可以將資本主義「升級」，這是社會留給你們這一代的課題。

這件事很困難，不過必須有人來做。

請不要一開始就認為「太難了，我做不到」。

當今，美國四大科技巨頭ＧＡＦＡ席捲全世界，而這四家公司的市值，據說已接近日本所有股份公司的總市值。

但是在短短的二十年前，蘋果還是瀕臨破產的中小企業，Google和亞馬遜則是剛創立的小公司，而臉書根本還不存在。時代正以極其可怕的速度變化。

回顧得更遠一點，在三十多年前，日本女性並沒有和男性一樣的工作權。再回溯到五十幾年前，「自由之國」美國還處於公然歧視有色人種的時代，當時的有色人種不能與白人使用同一間廁所。

但是，在每個年代裡，主張「這麼做並不正確」的人們挺身而出，一點一點地改變這個世界。

今後的世界還有堆積如山的難題，像少子高齡化、環境問題等。但是，如果只是被動地認為自己生在「艱困的時代」，世界將不會有任何轉變。

時代是可以改變的。請務必相信這一點。

而可以改變時代的，就是你們這些未來的主人翁。
請用你們的力量，將未來的世界變得更美好。

奥野一成

野人家 222

學校沒教，但一定要懂的金錢觀

首席投資長親授！受用一生的金融素養

作　　者　奧野一成
譯　　者　陳嫺若

野人文化股份有限公司
社　　長　張瑩瑩
總 編 輯　蔡麗真
主　　編　徐子涵
責任編輯　余文馨
行銷企劃經理　林麗紅
行銷企劃　蔡逸萱、李映柔
封面設計　萬勝安
內頁排版　洪素貞

出　　版　野人文化股份有限公司
發　　行　遠足文化事業股份有限公司（讀書共和國出版集團）
　　　　　地址：231 新北市新店區民權路 108-2 號 9 樓
　　　　　電話：（02）2218-1417　傳真：（02）8667-1065
　　　　　電子信箱：service@bookrep.com.tw
　　　　　網址：www.bookrep.com.tw
　　　　　郵撥帳號：19504465 遠足文化事業股份有限公司
　　　　　客服專線：0800-221-029
法律顧問　華洋法律事務所　蘇文生律師
印　　製　博客斯彩藝有限公司
初版首刷　2022 年 11 月
初版 3 刷　2023 年 9 月

ISBN：978-986-384-801-1（平裝）
ISBN：978-986-384-803-5（EPUB）
ISBN：978-986-384-804-2（PDF）

國家圖書館出版品預行編目（CIP）資料

學校沒教，但一定要懂的金錢觀：首席投資長親授！受用一生的金融素養 / 奧野一成作；陳嫺若譯. -- 初版. -- 新北市：野人文化股份有限公司出版：遠足文化事業股份有限公司發行，2022.11
　面；　公分. --（野人家；223）
譯自：15 歲から学ぶお金の教養：先生、お金持ちになるにはどうしたらいいですか？
ISBN 978-986-384-801-1（平裝）
1.CST: 理財 2.CST: 投資

563　　　　　　　　111016214

15SAI KARA MANABU OKANE NO KYOYO
SENSEI, OKANEMOCHI NI NARU NI WA
DOSHITARA II DESUKA?
by Kazushige OKUNO